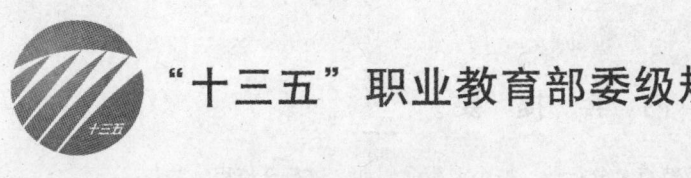

FENHANGYE KUAIJI ZONGHE SHIXUN

分行业会计综合实训

刘霞玲◎主编

中国纺织出版社

内 容 提 要

本书针对高职学生就业特点,分行业、按企业生命周期,进行全流程、跨年度轮训。以学生就业面最广泛的商贸企业、工业企业和服务业为对象,设计仿真彩色原始单据,分行业、分不同纳税人种类进行案例设计,且行业间通过投资业务、购销业务等相互关联,特别强调行业间两大差异:成本与税收,使学生了解不同行业以及企业不同发展阶段的业务区别,掌握会计核算的基本方法和不同企业会计核算的全过程,从而提高学生的行业适应能力和就业竞争能力。

本书可作为高职高专院校会计专业的综合实训教材,也可用于企业财务人员的培训教材。

图书在版编目(CIP)数据

分行业会计综合实训 / 刘霞玲主编.
—北京:中国纺织出版社,2017.1
"十三五"职业教育部委级规划教材
ISBN 978-7-5180-3075-0

I. ①分… II. ①刘… III. ①会计学-高等职业教育-教材 IV. ①F230

中国版本图书馆CIP数据核字(2016)第273535号

策划编辑:陈 芳　　　　　责任印制:储志伟

中国纺织出版社出版发行
地址:北京市朝阳区百子湾东里A407号楼　邮政编码:100124
销售电话:010—67004422　传真:010—87155801
http://www.c-textilep.com
E-mail: faxing@c-textilep.com
中国纺织出版社天猫旗舰店
官方微博http://weibo.com/2119887771
北京通天印刷有限责任公司印刷　各地新华书店经销
2017年1月第1版第1次印刷
开本:185×260　1/16　印张:30
字数:128千字　定价:45.00元

凡购本书,如有缺页、倒页、脱页,由本社图书营销中心调换

前 言

经调查，高职学生就业单位90%以上是小微企业，行业各异。而不同行业企业有着不同的经营特点，行业特色对会计实务有着重要的影响，这要求学生有较强的行业适应能力。同一企业不同发展阶段有着不同的运作特征，所面临的问题、主要的经济业务等都有较大的差异。小微企业稳定性差，决定学生将面对处于各个发展阶段的企业。相对于大企业会计分工细致，小微企业要求会计人员能完成会计核算工作全流程业务循环。业务循环是指处理某一类型经济业务的工作程序和先后顺序的总称。在连续的会计期间，对经济业务的会计记录、加工与总结必须周而复始地进行。基于学生就业特点，我们创新设计实训内容，进行全面系统的分行业、分企业生命周期、分纳税人种类的会计业务循环设计。

本书按行业分为三大任务，任务一为商业企业，按一般纳税人企业生命周期（三个月）进行全流程、跨年度设计，所得税采用查账征收方式，以原始凭证填制审核、企业生命周期（筹建期、成长期、成熟期、清算期）分设子任务，强调企业不同发展阶段的差异以及进行跨年度操作训练。任务二为工业企业，按一般纳税人进行一个月全流程业务循环设计，所得税采用查账征收方式，但业务较简单，企业只有一个基本生产车间。任务三为服务业，以餐饮业为例按小规模纳税人进行一个月全流程业务循环设计，所得税采用核定征收方式。实训设计将经济业务细分工作目标任务，创设工作情境，配套彩色仿真原始单据，以全面、系统的实施分行业会计业务循环实训。

本书将"商业——工业——服务业"构建一个关联企业群，包括三大行业从"筹建成立——生产经营"的全流程业务循环，完成从"凭证填制——报表编制"全流程会计业务循环。其中商业企业完成从"筹建期——成长期——成熟期——清算期"全生命周期会计业务循环。强调不同行业与不同发展阶段的两大差异：成本与税收。各行业之间的业务相互关联，如商业对工业和服务业的投资业务、工业与商业相互之间的购销业务、工业和商业对服务业的消费等，同一笔经济业务，变换买方、卖方会计主体，让学生体验不同行业、不同角色的会计核算。本书实训内容全面，创新实训体系，深浅适当。原始凭证样式来源于实践，仿真性强。2016年5月1日起，在全国范围内全面推开"营改增"，本书全部采用新版票据进行案例设计。

本书由浙江纺织服装职业技术学院的刘霞玲老师担任主编，湖南湘潭医卫职业技术学院阳德盛老师担任副主编，浙江纺织服装职业技术学院程呈老师、吴铭丽老师参与编写。编写过程中得到长沙至上管家会计服务有限公司等企业的大力协助。本书系浙江省高等教育教学改革项目成果并获得宁波市人民政府教学成果奖励。在此，一并表示诚挚的谢意。

由于时间仓促，编者水平有限，不足之处在所难免，恳请专家、同行批评指正。

刘霞玲
2016 年 7 月

目 录

任务一　商业企业会计业务循环实训　　001

一、学习目标　　003

二、任务描述　　003

三、相关知识　　003

（一）商业企业及其特点　　003

（二）商业企业的成本核算　　004

（三）商业企业税收及会计处理　　004

四、实训公司基本资料　　007

（一）实训公司基本情况　　007

（二）实训公司内部会计制度有关规定　　009

子任务1　原始凭证填制与审核实训　　013

（一）学习目标　　013

（二）任务描述　　013

（三）相关知识　　013

（四）业务事项　　014

（五）附件　　015

子任务2　筹建期经济业务实训　　027

（一）学习目标　　027

（二）任务描述　　027

（三）相关知识　　027

（四）业务事项　028

　　（五）附件　030

子任务 3　成长期经济业务实训　093

　　（一）学习目标　093

　　（二）任务描述　093

　　（三）相关知识　093

　　（四）业务事项　094

　　（五）附件　096

子任务 4　成熟期经济业务实训　193

　　（一）学习目标　193

　　（二）任务描述　193

　　（三）相关知识　193

　　（四）业务事项　194

　　（五）附件　197

子任务 5　清算期经济业务实训　341

　　（一）学习目标　341

　　（二）相关知识　341

　　　　1. 企业清算有关事项的会计处理　341

　　　　2. 企业清算有关事项的税务处理　343

任务二　工业企业会计业务循环实训　347

一、学习目标　349

二、任务描述　349

三、相关知识　349

　　（一）工业企业及其特点　349

　　（二）工业企业的成本核算　350

（三）工业企业的税收及会计处理　　351

四、实训资料　352

（一）实训公司基本情况　　352

（二）实训公司内部会计制度有关规定　　353

（三）业务事项　　353

（四）附件　　354

任务三　餐饮服务业会计业务循环实训　　405

一、学习目标　407

二、任务描述　407

三、相关知识　407

（一）餐饮服务业及其特点　　407

（二）餐饮业务的成本等会计处理　　408

（三）餐饮业的税收及会计处理　　410

四、实训资料　411

（一）实训公司基本情况　　411

（二）实训公司内部会计制度有关规定　　412

（三）业务事项　　413

（四）附件　　414

任务一
商业企业会计业务循环实训

一、学习目标

1. 了解商业企业及其特点以及企业不同发展阶段的业务区别。
2. 掌握商业企业不同发展阶段的会计核算全过程。
3. 掌握跨年度业务操作。
4. 通过商业企业与工业企业和餐饮服务业之间的投资关系、购销关系等，转换会计主体，理解不同行业的会计与税收差异。

二、任务描述

本任务由 5 个子任务构成：

1. 原始凭证填制与审核；
2. 筹建期经济业务实练；
3. 成长期经济业务实练；
4. 成熟期经济业务实练；
5. 清算期经济业务实练。

三、相关知识

（一）商业企业及其特点

商品流通企业是指组织商品购销活动的、自主经营和自负盈亏的经济实体。

其主要特点是：商业会计以商品流通的资金运动为中心进行核算和管理。商品流通通过商品、货币关系形成"货币 —— 商品 —— 货币"的资金循环运动形式，在购销过程中，通过商品购买，支付货款及费用，使货币资金转化为商品资金；在销售过程中，通过商品销售，取得收入和盈余，使商品资金又转化为货币资金，并获得增值。

（二）商业企业的成本核算

商业企业按照经营方式的不同分为商品零售企业和商品批发企业。商品零售企业经营特点主要表现在：直接为广大消费者服务，经营品种多，交易次数频繁，数量零星；交易方式主要是现金交易；一般采用售价金额核算。商品批发企业经营特点主要表现在：经营规模大，商品储存多，购销方式多。由于批发商品的进货渠道、进货批量、进货时间和付款条件的不同，同种规格的商品，前后进货的单价也可能不同。除了能分清批次的商品可以按原进价直接确定商品销售成本外，一般情况下，出售的商品都要采用一定的方法来确定一个适当的进货单价，以计算销售成本和确定库存价值，据以核算商品销售损益，以反映经营成果。

通常情况下，商品销售成本的计算方法有：移动加权平均法、先进先出法、加权平均法、毛利率法、个别计价法。

（三）商业企业税收及会计处理

目前，商业企业缴纳的税费主要有增值税、城市维护建设税、教育费附加、土地使用税、房产税、车船税、印花税以及所得税等。

1. 商品销售环节税金

（1）增值税。

A. 纳税对象。增值税是对从事销售货物或者提供加工、修理修配劳务、进口货物的单位和个人征收的一种税。增值税是以商品生产和流通中各环节的新增价值为征税对象的一种流转税。自2014年8月1日起，提供交通运输业和部分现代服务业服务（以下称应税服务）的单位和个人，也为增值税纳税人，不再缴纳营业税。增值税纳税义务人分为一般纳税人和小规模纳税人。一般小规模纳税人认定标准：商业企业年应税销售额在80万元以下的；营改增企业应税服务年销售额在500万元以下的。

B. 税率。基本税率为17%；优惠税率为13%（粮食、食用植物油、自来水、暖气、冷气、热水、煤气、石油液化气、天然气、沼气、居民用煤炭制品、图书、报纸、杂志、饲料、化肥、农药、农机、农膜等）；出口货物税率为零；小规模商业企业纳税人增值税征收率为3%。

C. 增值税的计算。

一般纳税人的应纳增值税计算公式如下：

应纳增值税额＝当期销项税额－当期进项税额

小规模纳税人不得抵扣进项税额，一般实行价税合并收款，因此其应纳税额计算公式如下：

应纳税额＝应税销售额×征收率

应税销售额＝价税合并的销售额÷（1+征收率）

D. 增值税的核算。

两个二级科目：应交增值税、未交增值税

应交税费——应交增值税常用三级科目有："进项税额"、"销售税额"、"已交税金"、"进项税额转出"、"转出未交增值税"、"转出多交增值税"。

销售商品时，

借：应收账款等

　　贷：主营业务收入

　　　　应交税费——应交增值税（销项税额）

购买商品时，

A. 取得增值税专用发票。

借：库存商品

　　应交税费——应交增值税（进项税额）

　　贷：银行存款等

B. 取得增值税普通发票。

借：库存商品

　　贷：银行存款等

工程领用商品时，

借：在建工程

　　贷：应交税费——应交增值税（进项税额转出）

　　　　库存商品

月末，企业结出本月应交未交增值税额时，

借：应交税费——应交增值税（转出未交增值税）

　　贷：应交税费——未交增值税

若本月多交增值税，

借：应交税费——未交增值税

　　贷：应交税费——应交增值税（转出多交增值税）

企业缴纳当月增值税时，

借：应交税费——应交增值税（已交税金）

　　贷：银行存款

　　企业缴纳以前月份应交未交增值税时，

借：应交税费——未交增值税

　　贷：银行存款

（2）城市维护建设税及教育费附加。

城市维护建设税是国家为扩大和稳定城市公共设施及基础建设而设置的一个税种。其计算公式如下：

应交城市维护建设税=（应实交营业税+应实交增值税+应实交消费税）× 适用税率
应交教育费附加=（应实交营业税+应实交增值税+应实交消费税）× 适用费率

城市维护建设税的税率为1%～7%，各省、自治区、直辖市人民政府根据当地经济状况和城市维护建设需要，在规定的幅度内选择确定不同地区的适用税率。

商品销售环节应纳的税费除增值税以外，其余的都在"营业税金及附加"科目下核算。计算应交的营业税金及附加时，

借：营业税金及附加
　　贷：应交税费 ——应交城市维护建设税
　　　　应交税费 ——应交教育费附加
　　　　应交税费 ——应交地方教育费附加

2. 管理费用中列支的税金

商业企业在管理费用中列支的税金包括房产税、车船税、城镇土地使用税、印花税。

（1）房产税。

房产税是财产税的一种。它是以房屋为征税对象，按房产的计税余值或出租租金收入为计税依据，向房产所有人或经管人征收的一种税。它是一种特定的财产税。

（2）车船税。

车船税是指国家对行使于境内公共道路的车辆和航行于境内河流、湖泊或者领海的船舶，依法征收的一种税。车船税应纳税额的计算，因计税依据不同，其计算公式如下：

载客汽车应纳税额=应税车辆数量 × 适用税额
载货汽车应纳税额=自重吨位 × 适用单位税额

（3）城镇土地使用税。

月份终了，企业计算当月应缴纳的房产税、车船税和城镇土地使用税时，

借：管理费用 ——税金
　　贷：应交税费 ——应交房产税
　　　　应交税费 ——应交车船税
　　　　应交税费 ——应交土地使用税

（4）印花税。

印花税是对经济活动的经济交往中书立、使用、领受具有法律效力的凭证的单位和个人征收的种税。印花税各税目分别适用比例税率和定额税率。适用比率税率的有各类经济合同性质的凭证、记载金额的账簿、产权转移书据等。印花税定额税率每件5元，适用于记载金额（"实收资本"与"资本公积"两项合计金额）以外的其他营业账簿、权利许可证照等。印花税不通过"应交税费"科目核算，直接在"管理费用"科目中列支。即企业在缴纳印花税时，作会计分录为：

借：管理费用
　　贷：银行存款

3. 所得税

（1）企业所得税。

企业所得税是指在中华人民共和国境内的企业就其生产经营所得和其他所得征收的一种税。企业所得税是从企业所实现的利润中缴纳的，以应纳税额为计税依据，按年计征，按月或按季预缴，年终汇算清缴，多退少补。应纳所得税的计算公式如下：

应纳所得税＝应纳税所得额×适用税率

借：所得税费用

　　贷：应交税费——应交企业所得税

（2）个人所得税。

职工薪金所得由企业代扣代缴其应纳的个人所得税。

借：应付职工薪酬

　　贷：应交税费——应交个人所得税

四、实训公司基本资料

（一）实训公司基本情况

1. 公司简介

企业名称：宁波湘甬商贸有限公司

纳税人识别号：1102231976318

企业地址、电话：宁波中山大厦 16 号 61251220

开户银行及账号：工行中山分理处 11022319881210

法人代表：李毅

企业性质：有限责任公司，商业企业，一般纳税人

经营范围：服装

经营方式：批发、零售

注册资本：200 万元。其中李毅出资人民币 100 万元，占比 50%；陈丽出资人民币 50 万元，占比 25%；吴勇出资人民币 50 万元，占比 25%。

公司发展：11 月筹建期，12 月开展购销业务，对外投资。第 2 年 1 月开始拓展专卖店。

2. 公司组织架构

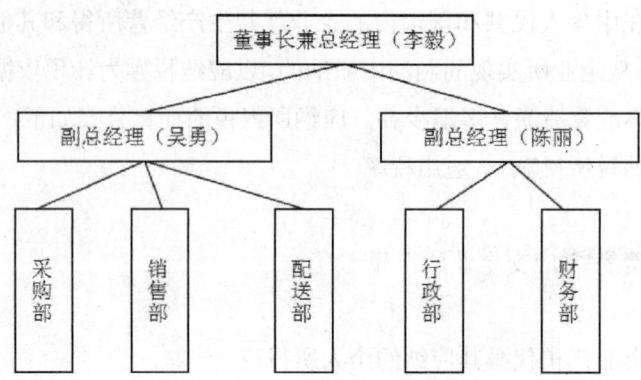

3. 公司人员薪酬制度

公司按职位设基本工资，具体如下表：

部门	职务	姓名	工资	备注
总经办	总经理	李毅	6000	10月份
	副总经理	陈丽	5000	10月份
	副总经理	吴勇	5000	12月份新增
行政部	主管	谢小芳	4000	11月份
	文员	李娟	2500	11月份
财务部	主管	叶晓	4000	11月份
	出纳	王晶晶	2500	11月份
采购部	主管	李军	4000	11月份
	助理	周波	2000	12月份新增
销售部	主管	周辉	3000	11月份
	助理	沈阳	2000	12月份新增
配送部	主管	邵俊勇	4000	12月份新增
	仓管	王新宇	2500	12月份新增
专卖店	店长	李伟	4000	下年1月份新增
	店员	罗晓玲	2000	下年1月份新增

公司对销售部、专卖店实行销售提成制度，具体如下表：

职位	内容	提成比例（%）
销售主管	销售收入总数	1
销售助理	销售收入总数	0.3
专卖店店长	专卖店销售收入总数	1
专卖店店员	专卖店销售收入总数	0.3

（二）实训公司内部会计制度有关规定

1. 主要会计政策

（1）公司执行《企业会计准则》及相关规定。

（2）货币资金由出纳负责管理和核算，对专卖店实行定额备用金制度。

（3）年末，坏账准备按应收款项年末余额的 5% 计提。

（4）库存商品按实际成本核算，售出商品的实际成本按月末采用加权平均法计算结转；周转材料按实际成本核算，发出按领用量采用分次摊销法。

（5）固定资产折旧采用平均年限法，按月计提折旧，估计残值率为 5%，折旧年限与税法规定年限一致。

各类固定资产预计使用寿命和年折旧率如下表：

固定资产类别	估计的经济使用年限	年折旧率（%）
运输工具	5	19
机器设备	5	19
办公家具	5	19

（6）无形资产——软件经税务机关批准摊销期限为 3 年，按月摊销。

（7）筹建期的开办费计入当期管理费用，装修支出从次月开始按 3 年摊销。

(8) 主要税种及税率如下表所示：

税　种	税　率	计 算 公 式
增值税	17%	
城市维护建设税	7%	应纳流转税额×7%
教育费附加	3%	应纳流转税额×3%
地方教育费附加	2%	应纳流转税额×2%
企业所得税	25%	应纳税所得额×25%，按季预缴，年终汇算清缴
个人所得税	7级超额累进税率	

(9) 社会保险费等货币性职工薪酬的计算与缴纳

社会保险费及住房公积金属于单位缴纳部分，按当地政府规定的费率计算，并在规定期限内足额缴纳。属于个人代扣代缴的应缴部分，按规定费率从职工薪酬中扣除，及时缴纳。

项　目	单位计提比率（%）	个人应缴费率（%）
养老保险费	20	8
医疗保险费	8	2
失业保险费	2	1
工伤保险费	0.5	
生育保险费	0.5	

(10) 利润分配

根据公司章程及股东会（或董事会）决议，净利润按如下比例分配：按10%提取法定盈余公积；投资者分配的利润按股东会决议，依据投资方的出资比例计算。

（11）会计核算形式

公司采用的会计核算形式为科目汇总表核算形式，如下图所示。

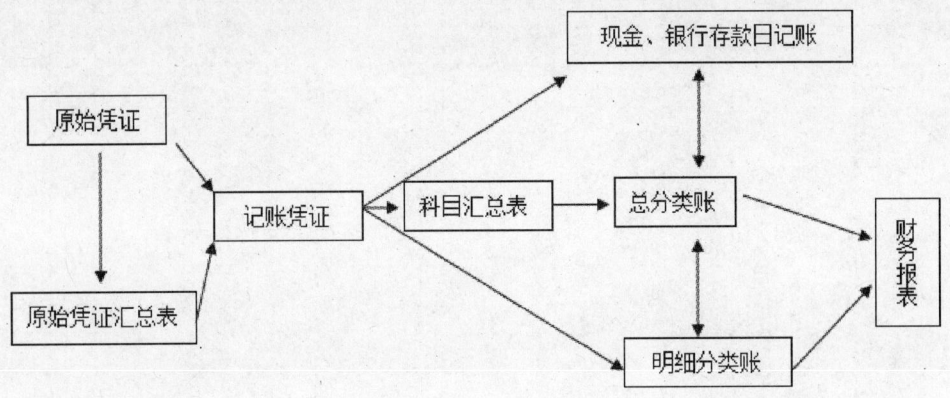

2. 会计账簿设置

公司主要账簿设置如下：

账簿名称	账簿及账页	备注
总分类账	订本、三栏式	
现金、银行日记账	订本、三栏式	日清月结
应收、应付往来明细账	活页、三栏式	
存货明细账	活页、数量金额式	
固定资产明细账	活页、专用多栏式	年终不更换、继续用
应交税费明细账	活页、三栏式	
应交税费——应交增值税明细账	活页、专用多栏式	
成本、费用明细账	活页、多栏式	
收入、损益类明细账	活页、三栏式或多栏式	
其他科目明细账	活页、三栏式	

子任务1　原始凭证填制与审核实训

（一）学习目标

1. 了解原始凭证的分类和作用；
2. 掌握原始凭证的基本要求并填制原始凭证；
3. 能审核原始凭证的完整性、真实性。

（二）任务描述

1. 根据业务要求填制原始凭证；
2. 审核原始凭证。

（三）相关知识

《会计基础工作规范》规定：

各单位办理本规范第三十七条规定的事项，必须取得或者填制原始凭证，并及时送交会计机构。

原始凭证的基本要求如下：

1. 原始凭证的内容必须具备：凭证的名称；填制凭证的日期；填制凭证的单位名称或者填制人姓名；经办人员的签名或者盖章；接受凭证单位名称；经济业务内容；数量、单价和金额。

2. 从外单位取得的原始凭证，必须盖有填制单位的公章；从个人取得的原始凭证，必须有填制人员的签名或者盖章。自制原始凭证必须有经办单位领导人或者其指定的人员签名或者盖章。对外开出的原始凭证，必须加盖本单位公章。

3. 凡填有大写和小写金额的原始凭证，大写与小写金额必须相符。购买实物的原始凭证，必须有验收证明。支付款项的原始凭证，必须有收款单位和收款人的收款证明。

4. 一式几联的原始凭证，应当注明各联的用途，只能以一联作为报销凭证。

一式几联的发票和收据，必须用双面复写纸（发票和收据本身具备复写纸功能的除外）套写，并连续编号。作废时应当加盖"作废"戳记，连同存根一起保存，不得撕毁。

5. 发生销货退回的，除填制退货发票外，还必须有退货验收证明；退款时，必须取得对方的收款收据或者汇款银行的凭证，不得以退货发票代替收据。

6. 职工公出借款凭据，必须附在记账凭证之后。收回借款时，应当另开收据或者退还借据副本，不得退还原借款收据。

7. 经上级有关部门批准的经济业务，应当将批准文件作为原始凭证附件。如果批准文件需要单独归档的，应当在凭证上注明批准机关名称、日期和文件字号。

原始凭证不得涂改、挖补。发现原始凭证有错误的，应当由开出单位重开或者更正，更正处应当加盖开出单位的公章。

填制会计凭证，字迹必须清晰、工整，并符合下列要求：

1. 阿拉伯数字应当一个一个地写，不得连笔写。阿拉伯数字金额前面应当书写货币币种符号或者货币名称简写和币种符号。币种符号与阿拉伯数字金额之间不得留有空白。凡阿拉伯数字前写有币种符号的，数字后面不得再写货币单位。

2. 所有以元为单位（其他货币种类为货币基本单位，下同）的阿拉伯数字，除表示单价等情况外，一律填写到角分；无角分的，角位和分位可写"00"，或者符号"—"；有角无分的，分位应当写"0"，不得用符号"—"代替。

3. 汉字大写数字金额如零、壹、贰、叁、肆、伍、陆、柒、捌、玖、拾、佰、仟、万、亿等，一律用正楷或者行书体书写，不得用〇、一、二、三、四、五、六、七、八、九、十等简写字代替，不得任意自造简化字。大写数字金额到元或者角为止的，在"元"或者"角"字之后应当写"整"字或者"正"字；大写金额数字有分的，分后面不写"整"或者"正"字。

4. 大写数字金额前未印有货币名称的，应当加填货币名称，货币名称与数字之间不得留有空白。

5. 阿拉伯数字金额中间有"0"时，汉字大写金额要写"零"字；阿拉伯数字金额中连续有几个"0"时，汉字大写金额中可以只写一个"零"字；阿拉伯数字金额元位是"0"，或者数字中间连续有几个"0"、元位也是"0"但角位不是"0"时，大写金额可以只写一个"零"字，也可以不写"零"字。

（四）业务事项

1. 2017年1月4日，出纳员易宁开出现金支票，从银行提取现金5000元备用。要求：填写支票领用单；填制现金支票。

2. 2017年1月5日，收到利民公司签发的转账支票一张，为该公司上月所欠货款80000元。要求：审核转账支票；填制进账单。

3. 2017年1月6日，上海天宇服饰有限公司购入服饰一批，增值税专用发票注明价税合计117000元，货款通过银行汇兑结算支付。要求：填写电汇凭证。

4. 公司准备到宁波青峰有限公司购买计算机，价税款计23400元，约定采用银行本票结算方式支付货款。1月7日,出纳到开户银行申请银行本票。要求:填写银行本票申请书。

5. 2017年1月8日,公司准备采用银行汇票的结算方式向上海申月有限责任公司(税务登记号:778823682410365,地 址:上海青山路65号,电 话:86212219,开户行及账号:工行青山支行11055021988985)采购一批商品,出纳到开户银行申请70000元的银行汇票。10日,公司从上海申月有限责任公司采购商品,以银行汇票支付采购款58500元,15日收到银行汇票的多余款收账通知联。要求:填制银行汇票。

6. 2017年1月9日,公司与北京东方有限公司(税务登记号:555823682410567,地 址:北京玉泉路68号,电 话:66888600,开户行及账号:工行玉泉支行66661021988156)签订购销合同(合同号110-223-5678),采购M商品1000件,每件50.00元,增值税税率17%,向北京东方有限公司开出一张付款期为4个月的商业承兑汇票。要求代填制和审核有关原始凭证;签发商业承兑汇票;登记应付票据备查簿。

7. 2017年1月10日,公司向开户银行申请签发"银行承兑汇票"23400元,银行同意并收取0.5‰的手续费11.70元,承兑协议号100-991-1210。公司与北京万科有限公司(税务登记号:222823682410368,地 址:北京万宁路35号,电 话:88212218,开户行及账号:工行万宁支行22221021988128)签订购销合同(合同号110-223-9876),系向北京万科公司购买M商品400件,每件50元,增值税税率17%,付出一张3个月的银行承兑汇票。要求:代填银行收费凭证缴纳手续费;审核有关单据;申请并填制银行承兑汇票。

8. 2017年1月11日,公司采用邮划委托收款结算方式向宁波永泰有限公司(税务登记号:110823682410362,地 址:宁波临海路35号,电 话:60212215,开户行及账号:工行清平支行11021021988123)销售A商品10件,单位售价1000元,增值税税率17%,共计11700元,并用现金支付委托收款手续费4元。要求:填制托收凭证;填制收费凭证。

9. 2017年1月12日,公司采用托收承付结算方式向江苏省志新有限公司(税务登记号:110338262682410,地 址:南京青云路78号,电 话:60251221,开户行及账号:工行清平支行11022881912103)销售A商品300件,单位售价1000元/件,增值税税率17%,支付银行托收手续费50元,另用转账支票支付垫付运费4000元,销售合同号码:1134-8012。要求:签发支票垫付运费;填制托收凭证。

(五)附件

表 1-1-1

支 票 领 用 申 请 单

年　月　日　　　　　　编号

部　　门	
支票类别与号码	
支票张数	
收款单位	
支票用途	
支票金额	人民币（大写）　　　　　　￥
备　注：	

领导批示　　　财务主管　　　审核　　　　出纳　　　　领用人

表 1-1-2

中国工商银行现金支票（浙）　　Ⅶ Ⅲ 019561125006

出票日期（大写）　　　年　月　日　　付款行名称：
收款人：　　　　　　　　　　　　　出票人账号：

本支票付款期限十天

	千	百	十	万	千	百	十	元	角	分

人民币（大写）

用途：_____
上列款项请从
我账户内支付
出票人签章

科目借————
对方科目贷————
付讫日期　　　年　月　日
出纳　　复核　　记账

表 1-1-3

背书人	被背书人	年 月 日
背书人	被背书人	年 月 日
背书人	被背书人	年 月 日

表 1-1-4

中国工商银行现金支票存根（浙）
支票号码：　X Ⅵ19561125006
附加信息
_____
_____
_____

出票日期　　年 月 日

| 收款人： |
| 金　额： |
| 用　途： |

单位主管　　　　　会计

表 1-2-1

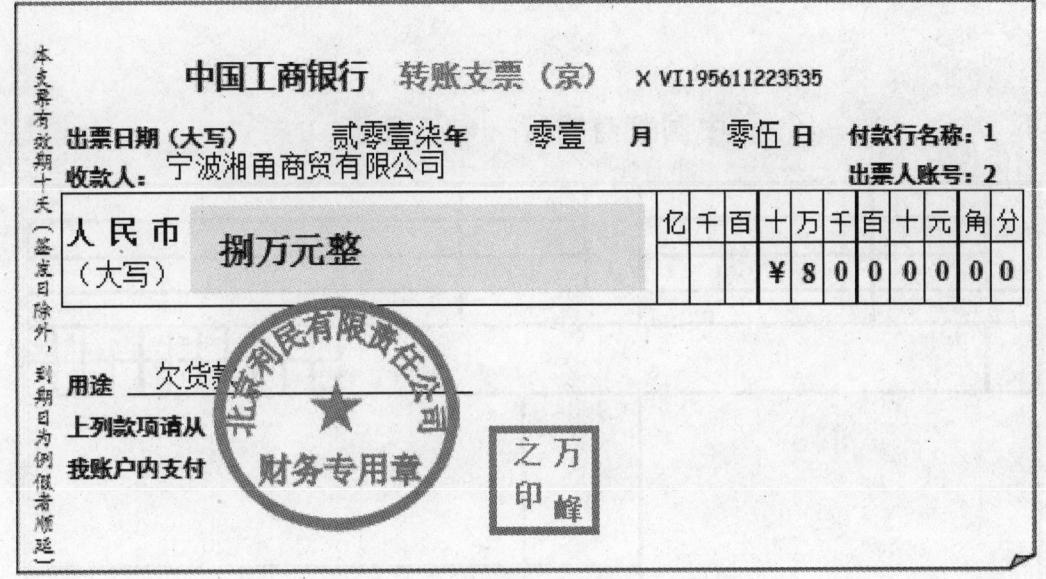

表 1-2-2

出票人	全 称			收款人	全 称		
	账 号				账 号		
	开户银行				开户银行		
金额	人民币（大写）					亿千百十万千百十元角分	
票据种类		票据张数					
票据号码							
复核 记账				开户银行签章			

中国工商银行 进账单 （回 单） 1
年 月 日

此联交给持票人的回单

表 1-3

中国工商银行　电汇凭证（回单）　　1

□普通　□加急　　委托日期　　年　月　日

汇款人	全称		收款人	全称	
	账号			账号	
	汇出地点	省　市/县		汇入地点	省　市/县
汇出行名称			汇入行名称		
金额	人民币（大写）			亿千百十万千百十元角分	

汇出行签章

支付密码

附加信息及用途：

复核　记账

此联汇出行给汇款人的回单

表 1-4-1

银行本票申请书（存根）　　AA440085

申请日期　　年　月　日

受款单位或个人名称……………………　　本票号码……………

| 申请签发 | 本票金额（大写） |

申请人名称：……………
申请人地址（或账号）……………

申请人签章　银行出纳　复核　记账　验印

此联由申请签发单位或个人留存，代替记账

表 1-4-2

银行本票申请书 AA440085

委托日期　年　月　日

申请人		收款人	
账号或住址		账号或住址	
用途		代理付款行	
本票金额	人民币（大写）	千 百 十 万 千 百 十 元 角 分	
转账　现金			
备注		科目 .... 对方科目 .... 账务主管　　复核　　经办	

表 1-5-1

银行汇票申请书　（存根）　1

申请日期　年　月　日

申请人		收款人	
账号或地址		账号或地址	
用途		代理付款行	
汇票金额	人民币（大写）	千 百 十 万 千 百 十 元 角 分	
备注		科　目 .... 对方科目 .... 财务主管　　复核　　经办	

表 1-5-2

| 付款期限 壹个月 | 中国工商银行 银行汇票(卡片) 1 | 汇票号码 |

出票日期　　年　　月　　日　　代理付款行：　　　　行号：
（大写）
收款人：　　　　　　　　　账号：
　　　　人民币
出票金额（大写）
　　　　人民币　　　　　　　　　　千百十万千百十元角分
实际结算金额（大写）
申请人：　　　　　　　　　账号：
出票行：　　　　　　行号：
备　注：

复核　　经办　　　　　　　　　　　复核　　记账

此联出票行结清汇款时作汇出汇款借方凭证

表 1-5-3

| 付款期限 壹个月 | 中国工商银行 银行汇票 2 | 地 BA 00000000 名 01 |

出票日期　　年　　月　　日　　代理付款行：　　　　行号：
（大写）
收款人：　　　　　　　　　账号：
　　　　人民币
出票金额（大写）
　　　　人民币　　　　　　　　　　千百十万千百十元角分
实际结算金额（大写）
申请人：　　　　　　　　　账号：
出票行：　　　　　　行号：　　密押：
备　注：　　　　　　　　　　　　多余金额
凭票付款　　　　　　　　　　千百十万千百十元角分
出票行签章　　　　　　　　　　　　复核　　记账

此联代理付款行付款后作联行往账借方凭证附件

表 1-5-4

付款期限 壹个月	中国工商银行 银行汇票(解讫通知) 3		汇票号码	
出票日期（大写） 年 月 日	代理付款行：		行号：	
收款人：		账号：		
人民币 出票金额（大写）				
人民币 实际结算金额（大写）			千百十万千百十元角分	
申请人：		账号：		
出票行： 行号：		密押：		
备注：		多余金额		
代理付款行签章 复核 经办		千百十万千百十元角分	复核 记账	

（此联代理付款行兑付后随报单寄出票行）
（由出票行作多余款贷方凭证）

表 1-5-5

付款期限 壹个月	中国工商银行 银行汇票(多余款收账通知) 4		汇票号码	
出票日期（大写） 年 月 日	代理付款行：		行号：	
收款人：		账号：		
人民币 出票金额（大写）				
人民币 实际结算金额（大写）			千百十万千百十元角分	
申请人：		账号：		
出票行： 行号：		密押：	左列退回多余金额已收入你账户内	
备注：		多余金额		
出票行签章 年 月 日		千百十万千百十元角分		

（此联出票行结清多余款后交申请人）

表 1-6-1

3302168866	宁波增值税专用发票	NO 03068501
机器编号：	发票联	开票日期：

购买方	名　　　称：		密码区	
	纳税人识别号：			
	地址、电话：			略
	开户行及账号：			

货物或应税劳务、服务名称	规格型号	单位	数量	单价	金额	税率	税额

价税合计（大写）	（小写）

销售方	名　　　称：		校验码	
	纳税人识别号：		备注	
	地址、电话：			
	开户行及账号：			

收款人：	复核：	开票人：	销售方：（章）

税总函（2015）362号上海东港安全印刷有限公司

第二联：发票联 购买方记账凭证

表 1-6-2

商业承兑汇票（卡片）　1

出票日期　　年　　月　　日　　汇票号码
（大写）

付款人	全　称		收款人	全　称	
	账　号			账　号	
	开户银行			开户银行	

出票金额	人民币： （大写）	亿 千 百 十 万 千 百 十 元 角 分

汇票到期日 （大写）		付款人 开户行	行号	
			地址	
交易合同号码				

	备注：
	出票人签章

此联承兑人留存

表 1-6-3

商业承兑汇票	2	AA/01 00006666

出票日期　　年　月　日
（大写）

付款人	全称		收款人	全称	
	账号			账号	
	开户银行			开户银行	

出票金额	人民币：（大写）	亿 千 百 十 万 千 百 十 元 角 分

汇票到期日（大写）		付款人开户行	行号	
交易合同号码			地址	

本汇票已经承兑，到期无条件支付票款。　　　本汇票请予以承兑于到期日付款。

承兑人签章

承兑日期　年　月　日　　　　　　　　　　出票人签章

此联持票人开户行随托收凭证寄付款人开户行作借方凭证附件

表 1-6-4

商业承兑汇票（存根）	3

出票日期　　年　月　日　　　　汇票号码
（大写）

付款人	全称		收款人	全称	
	账号			账号	
	开户银行			开户银行	

出票金额	人民币：（大写）	亿 千 百 十 万 千 百 十 元 角 分

汇票到期日（大写）		付款人开户行	行号	
交易合同号码			地址	

备注：

此联出票人存查

表 1-6-5

应付票据登记簿

购货单位或付款人	合同号码	摘要	商业汇票记录							付款记录					
^	^	^	票据种类	汇票号码	签发日期	第一次		第二次		第三次		第一次		第二次		第三次	
^	^	^	^	^	^	收款承兑日期	金额	收款承兑日期	金额	收款承兑日期	金额	日期	金额	日期	金额	日期	金额

表 1-7-1

中国工商银行收费凭证

年　月　日　　　　　第 6 号

户名		开户银行	
账号		收费种类	

	凭证(结算)种类	单价	数量	金额（万 千 百 拾 元 角 分）
1.客户购买凭证时在"收费种类"栏填写工本费，在"凭证种类"栏填写所购凭证名称。 2.客户在办理结算业务时，在"收费种类"栏分别填写手续费或邮电费，在"结算种类"栏填写办理的结算方式。	人民币大写			

第一联

复核　　　　　　　记账

表 1-7-2

银行承兑汇票（卡片） 1

出票日期	年 月 日（大写）				汇票号码							
出票人全称			收款人	全称								
出票人账号				账号								
付款行全称				开户银行								
出票金额	人民币：（大写）				亿	千	百	十	万	千	百	十 元 角 分
汇票到期日（大写）			付款行	行号								
承兑协议编号				地址								
本汇票请你行承兑，此项汇票款我单位按承兑协议于到期日前足额交存你行，到期请予以支付。出票人签章			备注：				复核 记账					

此联承兑行留存备查，到期支付票款时作借方凭证附件

表 1-7-3

银行承兑汇票 2 CA/01 00003322

出票日期 年 月 日（大写）

出票人全称			收款人	全称								
出票人账号				账号								
付款行全称				开户银行								
出票金额	人民币：（大写）				亿	千	百	十	万	千	百	十 元 角 分
汇票到期日（大写）			付款行	行号								
承兑协议编号				地址								
本汇票请你行承兑，到期无条件付款。出票人签章		本汇票已经承兑，到期由本行付款。承兑行签章承兑日期 年 月 日备注：				复核 记账						

此联收款人开户行随托收凭证寄付款人开户行作借方凭证附件

表 1-7-4

银行承兑汇票（存根） 3

出票日期　　年　月　日　　　　汇票号码

出票人全称		收款人	全称	
出票人账号			账号	
付款行全称			开户银行	
出票金额	人民币：（大写）			亿千百十万千百十元角分
汇票到期日（大写）		付款行	行号	
承兑协议编号			地址	
		备注：		

此联出票人存查

表 1-8

托收凭证（受理回单） 1

委托日期　　年　月　日

业务类型	委托收款（□邮划、□电划）　　托收承付（□邮划、□电划）				
付款人	全称		收款人	全称	
	账号			账号	
	地址	省　市县　开户行		地址	省　市县　开户行
金额	人民币（大写）				千百十万千百十元角分
款项内容		托收凭据名称		附寄单证张数	
商品发运情况			合同名称号码		
备注：	款项收妥日期　　　　　　　　　收款人开户银行签章				
复核　　记账	年 月 日　　　　　　　　　　年 月 日				

此联作收款人开户银行给收款人的受理回单

子任务 2　筹建期经济业务实训

（一）学习目标

1. 了解筹建期特点；
2. 掌握筹建期的会计和税务处理；
3. 能核算筹建期业务。

（二）任务描述

1. 熟悉企业会计制度和企业的各种财务制度；
2. 开设总分类账户；
3. 开设明细分类账户、现金日记账和银行存款日记账；
4. 根据经济业务完善空白原始凭证；
5. 根据经济业务内容和原始凭证，编制记账凭证；
6. 对会计凭证进行审核；
7. 根据审核无误的记账凭证，登记现金日记账、银行存款日记账和各明细分类账；
8. 根据记账凭证进行"T"账户登记，编制科目汇总表（全月 1 次汇总）；
9. 根据科目汇总表登记总分类账；
10. 对账、更正错账、结账，编制试算平衡表；
11. 编制会计报表、纳税申报表；
12. 将会计凭证加封面，装订成册，归档保管。

（三）相关知识

1. 筹建期的确定

筹建期，是指从企业被批准筹建之日起至开始生产、经营（包括试生产、试营业）之日的期间，可以将首次确认收入的时间作为会计实务中划分企业筹建期间结束、生产经营开始的标志。

2. 筹建期的账务及税务处理

《企业会计准则——应用指南》：开办费，具体包括人员工资、办公费、培训费、差旅费、印刷费、注册登记费以及不计入固定资产成本的借款费用等内容。实务中在取得第一笔收入之前发生的费用可以归集为开办费。

国税函〔2009〕98 号关于开（筹）办费的处理：新税法中开（筹）办费未明确列作长期待摊费用，企业可以在开始经营之日的当年一次性扣除，也可以按照新税法有关长期待摊费用的处理规定处理，但一经选定，不得改变。企业在新税法实施以前年度的未摊销完的开办费，也可根据上述规定处理。企业所得税法实施细则：其他应当作为长期待摊费用的支出，自支出发生月份的次月起，分期摊销，摊销年限不得低于 3 年。即开（筹）办费企业可以在开始经营之日的当年一次性扣除，也可以自开始生产经营之日起，按照不低于 3 年的时间均匀摊销。但摊销方法一经选定，不得改变。

国税函〔2010〕79 号企业筹办期间不计算为亏损年度问题：企业自开始生产经营的年度，为开始计算企业损益的年度。企业从事生产经营之前进行筹办活动期间发生筹办费用支出，不得计算为当期的亏损，应按照《国家税务总局关于企业所得税若干税务事项衔接问题的通知》（国税函〔2009〕98 号）第九条规定执行。

国家税务总局公告 2013 年第 15 号关于筹办期业务招待费等费用税前扣除问题：企业在筹建期间，发生的与筹办活动有关的业务招待费支出，可按实际发生额的 60% 计入企业筹办费，并按有关规定在税前扣除；发生的广告费和业务宣传费，可按实际发生额计入企业筹办费，并按有关规定在税前扣除。

3. 筹建期基本业务

主要业务有：筹办期投资、办理各种证件、采购固定资产、租赁及装修、员工借支等业务。

《宁波市增值税一般纳税人资格认定管理办法》（2010 年 5 月）第五条规定：新开业的纳税人，可以向主管税务机关申请一般纳税人资格认定。"新开业的纳税人"是指自税务登记之日起，30 天内申请一般纳税人资格认定的纳税人。

主管税务机关可以在一定期限内对下列一般纳税人实行辅导期管理：（1）按照本办法第五条的规定新认定为一般纳税人的小型商贸批发企业；"小型商贸批发企业"是指注册资金在 80 万元（含）以下、职工人数在 10 人（含）以下的批发企业。只从事出口贸易，不需要使用增值税专用发票（以下简称专用发票）的企业除外。新认定为一般纳税人的小型商贸批发企业实行纳税辅导期管理的期限为 3 个月；其他一般纳税人实行纳税辅导期管理的期限为 6 个月。

（四）业务事项

1. 10 月 10 日，李毅投入现金 1000000 元，陈丽投入现金 500000 元，吴勇投入现金 500000 元，存入银行。

2.11月15日,在开户银行购买现金支票、转账支票各1本,电汇单、进账单各2本,费用48元,费用直接从银行账户划扣。

3.11月15日,出纳填制现金支票一张,提取现金8000元,作为公司备用。

4.11月15日,行政部谢小芳报销新公司办证费用、工本费等共计3000元。经审批后由财务部当天签发银行转账支票支付款项。

5.11月15日,采购部李军报销新公司办公用品费用共计1500元,行政部验收后即分发各部门使用。经审批后由财务部当天签发银行转账支票支付款项。

6.11月15日,补提10月筹备人员工资。

7.11月15日,出纳填制现金支票一张,提取现金6000元,作为发放10月筹备人员工资。

8.11月15日,出纳发放10月筹备人员工资。

9.11月15日,行政部谢小芳申请支付浙江亿鑫置业有限公司11月租金20000元,其中办公室租金12000元,仓库租金8000元,押金40000元。经审批后由财务部当天签发银行转账支票支付款项。

10.11月16日,从宁波欣欣别克汽车有限公司购入公司汽车一辆,价税合计300000元,行政部验收合格,经审批后财务部签发银行转账支票支付款项,银行划扣车辆购置税25641元。

11.11月16日,联系电信部门装电话线2条,装宽带网络一条,服务费300元。服务费出纳以现金支付。

12.11月16日,向宁波泰兴办公设备有限公司采购办公用设备,增值税专用发票上标明价款60000元,增值税10200元,行政部验收合格后分派各部门主管,经审批后由财务部签发银行转账支票支付款项。

13.11月16日,向宁波隆威家具有限公司采购办公家具一批,增值税专用发票上标明价款20000元,增值税3400元,行政部验收合格后分派各部门主管,经审批后由财务部当天签发银行转账支票支付款项。

14.11月16日,行政部谢小芳申请支付宁波安居装饰有限公司装修工程款,其中,办公室装修款60000元,仓库装修款20000元,经行政部验收全部合格,审批后由财务部签发银行转账支票一张支付全部款项。

15.11月16日,采购部李军借支出差费用1000元,经审批后,出纳现金付讫。

16.11月16日,行政部李娟借支办公支出2000元,经审批后,出纳签发现金支票一张。

17.11月18日,销售部周辉借支业务费用2000元,经审批后,出纳签发现金支票一张。

18.11月20日,采购部李军出差回来报销差旅费,共计1260元,经审批后,出纳现金补付260元。

19.11月22日,行政部李娟申请支付汽车财产险10000元,经审批后,出纳签发转账支票一张。

20. 11月22日，财务部叶晓报销购买印花税1000元，经审批后，银行划转支付。

21. 11月22日，销售部周辉报销招待客户餐费，共计1860元，经审批后，出纳收回借支多余款项140元。

22. 11月22日，行政部李娟报销本月汽车油费1000元，汽车上牌工本费200元，交强险1000元，车船税360元，共计2560元，经审批后，出纳现金补付560元。

23. 11月30日，计提11月员工工资。（个人自负养老保险8%、医疗保险2%、失业保险1%）

24. 11月30日，根据行政部办理11月员工社保的相关资料，计提本月社保公司承担部分。（养老保险20%、医疗保险8%、失业保险2%、工伤保险0.5%、生育保险0.5）

25. 11月30日，结转本期损益。

26. 编制11月科目汇总表。

27. 编制11月财务报表。

28. 编制11月纳税申报表。

（五）附件

表 2-1-1

中国工商银行　现金缴款单　　（回　单）　　1
2016年10月10日

缴款单位	全　称	宁波湘甬商贸有限公司	款项来源		吴勇投资款									
	账　号	11022319881210	缴款部门			亿	千	百	十	万	千	百	十	元	角	分
金额	人民币								¥	5	0	0	0	0	0	0	0
	（大写）伍拾万元整														
	券别	张数	券别	张数	收款银行盖章										
					经办人										

表 2-1-2

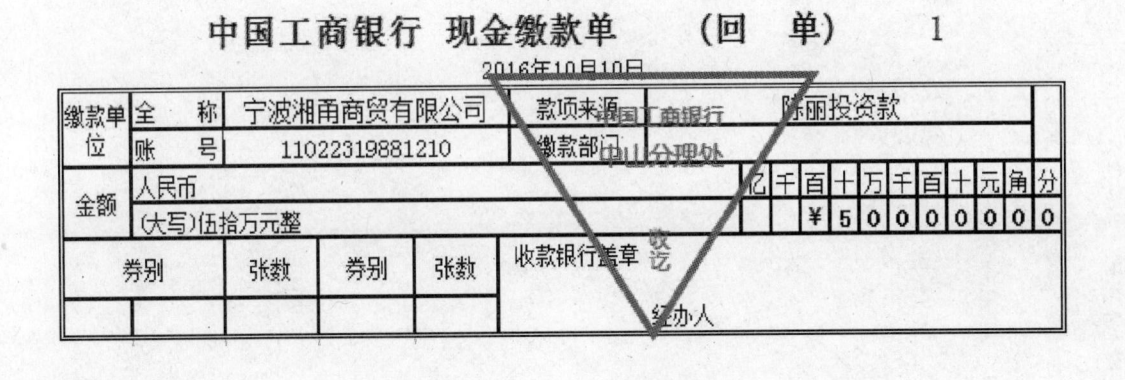

中国工商银行　现金缴款单　　（回　单）　　1
2016年10月10日

缴款单位	全　称	宁波湘甬商贸有限公司	款项来源		陈丽投资款									
	账　号	11022319881210	缴款部门			亿	千	百	十	万	千	百	十	元	角	分
金额	人民币								¥	5	0	0	0	0	0	0	0
	（大写）伍拾万元整														
	券别	张数	券别	张数	收款银行盖章										
					经办人										

表 2-1-3

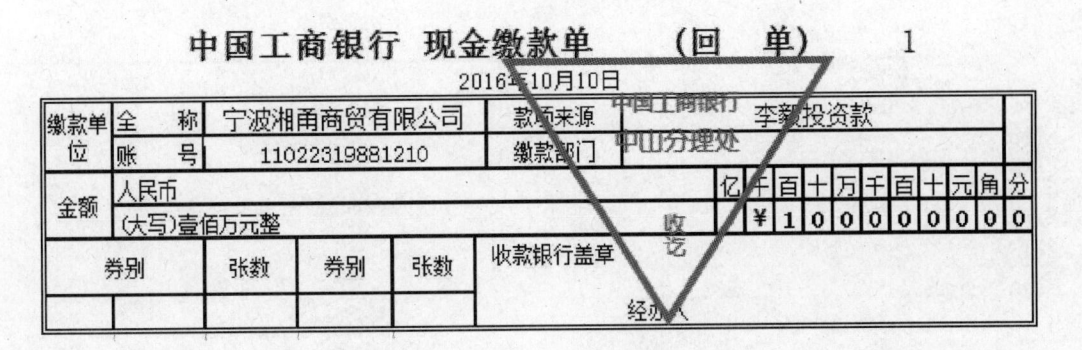

中国工商银行　现金缴款单　　（回　单）　　1
2016年10月10日

缴款单位	全　称	宁波湘甬商贸有限公司	款项来源		李毅投资款									
	账　号	11022319881210	缴款部门			亿	千	百	十	万	千	百	十	元	角	分
金额	人民币								¥	1	0	0	0	0	0	0	0	0
	（大写）壹佰万元整														
	券别	张数	券别	张数	收款银行盖章										
					经办人										

表 2-2

中国工商银行领用空白凭证收费单
2016年 11月 15日

单位名称：宁波湘甬商贸有限公司				账号：11022319881210	
凭证名称	领用凭证号码	单价	数量	金额	
转账支票	003401－003475	16.00	1	16 00	
现金支票	005626－005700	16.00	1	16 00	
进账单		4.00	2	8 00	
电汇单		4.00	2	8 00	
人民币（大写）肆拾捌元整					¥48 00

主管：　　　　　复核：　　　　　记账：

表 2-3

中国工商银行现金支票存根（浙）

支票号码：　X VI19561125001

附加信息

_____
_____
_____

出票日期 2016年11月15日

收款人：宁波湘甬商贸有限公司
金　额：¥8000.00
用　途：备用

单位主管 李毅　会计 罗玲

表 2-4-1

3302153320	宁波增值税专用发票	NO 154721201
机器编号：	抵 扣 联	开票日期：2016年11月15日

购买方	名　　称：宁波湘甬商贸有限公司 纳税人识别号：1102231976318 地　址、电话：宁波中山大厦16号 61251220 开户行及账号：工行中山分理处 11022319881210	密码区	略

货物或应税劳务、服务名称	规格型号	单位	数量	单价	金额	税率	税额
服务费					2830.19	6%	169.81

价税合计（大写）	叁仟元整	（小写）￥3000.00

销售方	名　　称：宁波科达会计师事务所 纳税人识别号：330223195958 地　址、电话：宁波东方大厦1楼 89685888 开户行及账号：建行解放南路分理处 11022319222565	备注	（发票专用章）

第二联：抵扣联 购买方抵扣凭证

表 2-4-2

3302153320	宁波增值税专用发票	NO 154721201
机器编号：	发 票 联	开票日期：2016年11月15日

购买方	名　　称：宁波湘甬商贸有限公司 纳税人识别号：1102231976318 地　址、电话：宁波中山大厦16号 61251220 开户行及账号：工行中山分理处 11022319881210	密码区	略

货物或应税劳务、服务名称	规格型号	单位	数量	单价	金额	税率	税额
服务费					2830.19	6%	169.81

价税合计（大写）	叁仟元整	（小写）￥3000.00

销售方	名　　称：宁波科达会计事务所 纳税人识别号：330223195958 地　址、电话：宁波东方大厦1楼 89685888 开户行及账号：建行解放南路分理处 11022319222565	备注	（发票专用章）

收款人：张武	复核：王丽	开票人：张武	销售方：（章）

第三联：发票联 购买方记账凭证

表 2-4-3

中国工商银行转账支票存根（浙）
支票号码： X VI19561111001
附加信息

出票日期 2016年11月15日

收款人：宁波科达会计师事务所
金　　额：￥3000.00
用　　途：服务费

单位主管 李毅　　会计 罗玲

表 2-5-1

3302153320	宁波增值税普通发票	NO 26620202

机器编号：　　　　发 票 联　　　　开票日期：2016年11月16日

购买方	名　称：宁波湘甬商贸有限公司 纳税人识别号：1102231976318 地址、电话：宁波中山大厦16号 61251220 开户行及账号：工行中山分理处11022319881210	密码区	略

货物或应税劳务、服务名称	规格型号	单位	数量	单价	金额	税率	税额
复印纸	8K	包	30	42.735	1282.05	17%	217.95

价税合计（大写）	壹仟伍佰元整	（小写）￥1500.00

销售方	名　称：宁波东方百货有限公司 纳税人识别号：2202232988298 地址、电话：宁波东方大厦5楼 85551666 开户行及账号：建行解放分理处11022358516878	备注	校验码 （宁波东方百货有限公司销售专用章）

收款人：李丽　　复核：王萍　　开票人：李丽

表 2-5-2

3302168866	宁波增值税专用发票		NO 26620202	
机器编号：	抵 扣 联		开票日期：2016年11月16日	
购买方	名　　称：宁波湘甬商贸有限公司 纳税人识别号：1102231976318 地址、电话：宁波中山大厦16号 61251220 开户行及账号：工行中山分理处 11022319881210		密码区	略
货物或应税劳务、服务名称	规格型号	单位	数量	单价	金额	税率	税额
复印纸	8K	包	30	42.735	1282.05	17%	217.95
价税合计（大写）	壹仟伍佰元整			（小写）¥1500.00			
销售方	名　　称：宁波东方百货有限公司 纳税人识别号：2202232988298 地址、电话：宁波东方大厦5楼 85551666 开户行及账号：建行解放分理处 11022358516878		备注	（发票专用章）
收款人：李丽	复核：王萍	开票人：李丽	销售方：（章）	

第二联：抵扣联 购买方抵扣凭证

表 2-5-3

中国工商银行转账支票存根（浙）

支票号码：　X Ⅵ 19561111002

附加信息

_____

_____

_____

出票日期　2016年11月15日

收款人：宁波东方百货有限公司
金　额：¥1500.00
用　途：办公用品

单位主管　李毅　会计　罗玲

表 2-6

工 资 结 算 表
2016年11月15日

姓 名	工资项目（略）	应付工资	扣款项目	实发工资	签 章
李毅		3,000.00		3,000.00	
陈丽		3,000.00		3,000.00	
合计		6,000.00	—	6,000.00	

会计：叶晓　　　　　　　　出纳：王晶晶　　　　　　　制单：罗玲

表 2-7

中国工商银行转账支票存根（浙）

支票号码： X VI19561111002

附加信息

_____

_____

_____

出票日期 2016年11月15日

收款人：宁波东方百货有限公司

金　额：￥1500.00

用　途：办公用品

单位主管　李毅　会计　罗玲

表 2-8

工 资 结 算 表
2016年11月15日

姓 名	工资项目（略）	应付工资	扣款项目	实发工资	签 章
李毅		3,000.00		3,000.00	李毅
陈丽		3,000.00		3,000.00	陈丽
		现金付讫			
合计		6,000.00	—	6,000.00	

会计：叶晓　　　　　出纳：王晶晶　　　　　制单：罗玲

表 2-9-1

中国工商银行转账支票存根（浙）

支票号码： X VI19561111001

附加信息

_____

_____

_____

出票日期 2016年11月15日

收款人：浙江亿鑫置业有限公司
金　额：¥ 60000.00
用　途：租金、押金

单位主管 李毅　　会计 罗玲

表 2-9-2

租金使用分配表
年　月　日

使用部门	比例（%）	应分配金额	使用部门	比例（%）	应分配金额
行政部	40		销售部	15	
财务部	20		采购部	15	
			配送部	10	
小计			小计		
合计	人民币大写			¥	

表 2-9-3

浙江省企业单位统一收据

03-3856814

收　据　联
2016年11月15日

交款单位：　宁波湘甬商贸有限公司

人民币(大写) 肆万元整　　　　　　　　　　¥ 40000.00

系　付　　　房屋押金

现金	
支票	✓
付委	

收款单位(盖章有效)　　　　财务　姚军　　　　经手人　张怡

表 2-9-4

3302153320	宁波增值税专用发票	NO 32145203
机器编号：	发票联	开票日期：2016年11月15日

购买方	名　　称：宁波湘雨商贸有限公司 纳税人识别号：1102231976318 地址、电话：宁波中山大厦16号 61251220 开户行及账号：工行中山分理处 11022319881210	密码区	略

货物或应税劳务、服务名称	规格型号	单位	数量	单价	金额	税率	税额
房租		月	1		18018.02	11%	1981.98

价税合计（大写）	贰万元整	（小写）¥20000.00

销售方	名　　称：浙江亿鑫置业有限公司 纳税人识别号：2202236854738 地址、电话：宁波亿鑫大厦1楼 89651288 开户行及账号：建行中山分理处 11022319555868	备注	校验码 （发票专用章）

收款人：姚军　　复核：王萍　　开票人：姚军　　销售方：（章）

第二联：发票联 购买方记账凭证

表 2-9-5

3302153320	宁波增值税专用发票	NO 32145203
机器编号：	抵扣联	开票日期：2016年11月15日

购买方	名　　称：宁波湘雨商贸有限公司 纳税人识别号：1102231976318 地址、电话：宁波中山大厦16号 61251220 开户行及账号：工行中山分理处 11022319881210	密码区	略

货物或应税劳务、服务名称	规格型号	单位	数量	单价	金额	税率	税额
房租		月	1		18018.02	11%	1981.98

价税合计（大写）	贰万元整	（小写）¥20000.00

销售方	名　　称：浙江亿鑫置业有限公司 纳税人识别号：2202236854738 地址、电话：宁波亿鑫大厦1楼 89651288 开户行及账号：建行中山分理处 11022319555868	备注	校验码 （发票专用章）

收款人：姚军　　复核：王萍　　开票人：姚军　　销售方：（章）

第三联：抵扣联 购买方抵扣凭证

表 2-10-1

中华人民共和国税收通用缴款书

（2006）浙 国缴

国

缴款单位（人）	代码	1102231976318	预算科目	编码	1011601
	全称	宁波湘甬商贸有限公司		名称	车辆购置税
	开户银行	工行中山分理处		级次	市级
	账号	11022319881210		收款国库	市国库

税款所属时期 2016 年 11 月 01 日　　税款限缴日期 2016 年 11 月 31 日

中国工商银行 2016.11.16

品目名称	课税数量	计税金额或销售收入	税率或单位税额	已缴或扣除额	实缴金额
车辆购置税		256410.00	10%		25641.00

金额合计（大写）贰万伍仟陆佰肆拾壹元整

缴款单位（人）（盖章）经办人（章）		上列款项已收妥并划转收款单位账户 国库（银行）盖章 2016 年 11 月 16 日	备注：

逾期不缴按税法规定加收带纳

第一联（收据）国库（银行）收款盖章后退款缴款单位（人）作完税凭证

表 2-10-2

宁波增值税专用发票

3302153320　　NO 68950204

发票联　　开票日期：2016 年 11 月 16 日

机器编号：

购买方	名称	宁波湘甬商贸有限公司	密码区	略
	纳税人识别号	1102231976318		
	地址、电话	宁波中山大厦 16 号 61251220		
	开户行及账号	工行中山分理处 11022319881210		

货物或应税劳务、服务名称	规格型号	单位	数量	单价	金额	税率	税额
汽车	别克	辆	1		256410.26	17%	43589.74

价税合计（大写）叁拾万元整　　（小写）¥ 300000.00

销售方	名称	宁波欣欣别克汽车有限公司	备注	校验码
	纳税人识别号	1102231976230		
	地址、电话	宁波青叶大厦 16 号 81251226		
	开户行及账号	建行柳丁分理处 11022319881216		

收款人：李乐平　　复核：李军　　开票人：李乐平　　销售方：（章）

税总函（2015）362 号上海东港安全印制有限公司

第二联：发票联，购买方记账凭证

表 2-10-3

3302153320	宁波增值税专用发票		NO 68950204	
机器编号：	抵扣联		开票日期：2016年11月16日	

购买方	名　　称：宁波湘甬商贸有限公司 纳税人识别号：1102231976318 地址、电话：宁波中山大厦16号 61251220 开户行及账号：工行中山分理处 11022319881210	密码区	略	第三联：抵扣联 购买方抵扣凭证

货物或应税劳务、服务名称	规格型号	单位	数量	单价	金额	税率	税额
汽车	别克	辆	1		256410.26	17%	43589.74

价税合计（大写）	叁拾万元整	（小写）¥300000.00

销售方	名　　称：宁波欣欣别克汽车有限公司 纳税人识别号：11022319763320 地址、电话：宁波青叶大厦16号 81251226 开户行及账号：建行柳汀分理处 11022319881216	备注	校验码 （章）

收款人：李乐平　　复核：李军　　开票人：李乐平

表 2-10-4

中国工商银行转账支票存根（浙）

支票号码： X VI19561111002

附加信息

出票日期 2016年11月16日

收款人：宁波欣欣别克汽车有限公司
金　额：¥300000.00
用　途：汽车款

单位主管 李毅　　会计 罗玲

表 2-11-1

3302153320	宁波增值税专用发票		NO 44678205	
机器编号：	发票联		开票日期：2016年11月15日	
购买方	名　　　称：宁波湘甬商贸有限公司 纳税人识别号：1102231976318 地址、电话：宁波中山大厦16号 61251220 开户行及账号：工行中山分理处 11022319881210		密码区	略
货物或应税劳务、服务名称	规格型号	单位	数量	单价	金额 283.02	税率 6%	税额 16.98
服务费							
		现金付讫					
价税合计（大写）	叁佰元整			（小写）¥300.00			
销售方	名　　　称：中国电信股份有限公司宁波市分公司 纳税人识别号：630223225599 地址、电话：宁波电信大厦1楼 87669898 开户行及账号：建行柳汀分理处 11022352556262		备注	校验码　（发票专用章）
收款人：刘玲	复核：李丽丽	开票人：刘玲	销售方：（章）	

表 2-11-2

3302168866	宁波增值税专用发票		NO 44678205	
机器编号：	抵扣联		开票日期：2016年11月15日	
购买方	名　　　称：宁波湘甬商贸有限公司 纳税人识别号：1102231976318 地址、电话：宁波中山大厦16号 61251220 开户行及账号：工行中山分理处 11022319881210		密码区	略
货物或应税劳务、服务名称	规格型号	单位	数量	单价	金额 283.02	税率 6%	税额 16.98
服务费							
价税合计（大写）	叁佰元整			（小写）¥300.00			
销售方	名　　　称：中国电信股份有限公司宁波市分公司 纳税人识别号：630223225599 地址、电话：宁波电信大厦1楼 87669898 开户行及账号：建行柳汀分理处 11022352556262		备注	校验码　（发票专用章）
收款人：刘玲	复核：李丽丽	开票人：刘玲	销售方：（章）	

表 2-12-1

宁波增值税专用发票

3302153320　　　　　　　　　　　　　　　　　　N055230205

机器编号：　　　　　　发票联　　　　开票日期：2016年11月16日

购买方	名　称：宁波湘甬商贸有限公司	密码区	略
	纳税人识别号：1102231976318		
	地址、电话：宁波中山大厦16号 61251220		
	开户行及账号：工行中山分理处 11022319881210		

货物或应税劳务、服务名称	规格型号	单位	数量	单价	金额	税率	税额
电脑	联想		10		40000	17%	6800
空调	美的		4		20000	17%	3400
合计					¥60000		¥10200

价税合计（大写）　柒万零贰佰元整　　　　（小写）¥70200.00

销售方	名　称：宁波泰兴办公设备有限公司	校验码	备注
	纳税人识别号：2202231976325		
	地址、电话：宁波金汇大厦16号 88851226		
	开户行及账号：建行解放分理处 11022319881236		

收款人：李平　　复核：王军　　开票人：李平　　销售方：（章）

税总函（2015）362号 上海东港安全印刷有限公司

第二联：发票联 购买方记账凭证

表 2-12-2

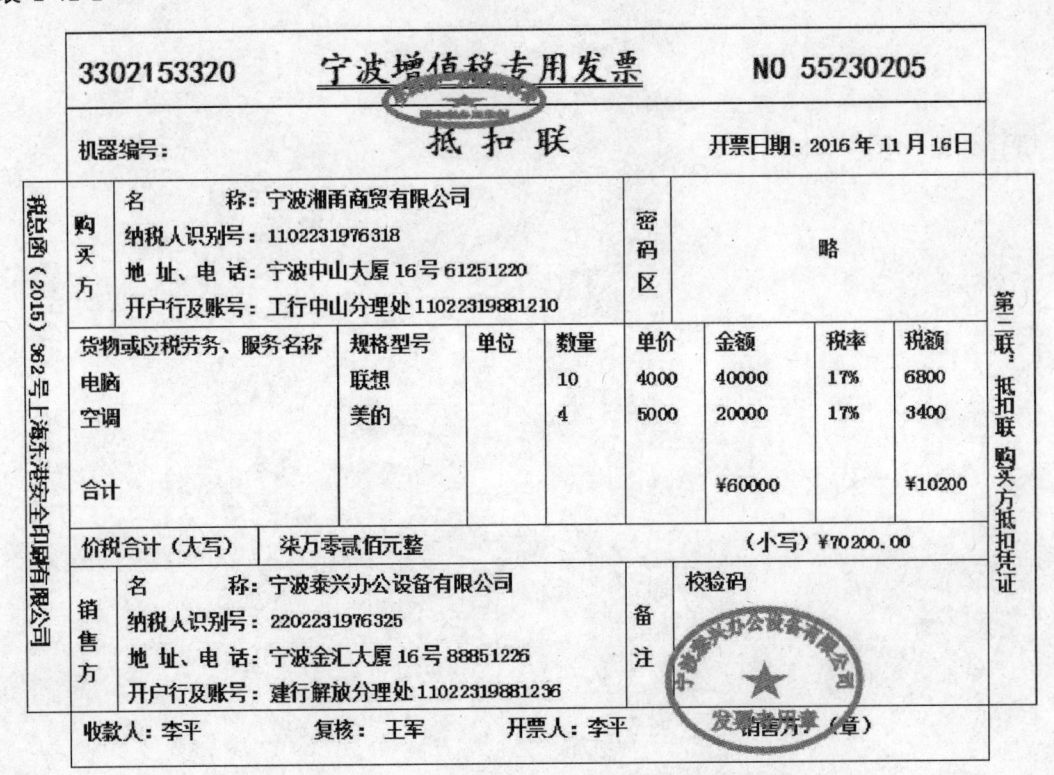

宁波增值税专用发票

3302153320　　　　　　　　　　　　　　　　　　NO 55230205

机器编号：　　　　　　抵扣联　　　　开票日期：2016年11月16日

购买方	名　称：宁波湘甬商贸有限公司	密码区	略
	纳税人识别号：1102231976318		
	地址、电话：宁波中山大厦16号 61251220		
	开户行及账号：工行中山分理处 11022319881210		

货物或应税劳务、服务名称	规格型号	单位	数量	单价	金额	税率	税额
电脑	联想		10	4000	40000	17%	6800
空调	美的		4	5000	20000	17%	3400
合计					¥60000		¥10200

价税合计（大写）　柒万零贰佰元整　　　　（小写）¥70200.00

销售方	名　称：宁波泰兴办公设备有限公司	校验码	备注
	纳税人识别号：2202231976325		
	地址、电话：宁波金汇大厦16号 88851226		
	开户行及账号：建行解放分理处 11022319881236		

收款人：李平　　复核：王军　　开票人：李平　　销售方：（章）

第二联：抵扣联 购买方抵扣凭证

表 2-12-3

中国工商银行转账支票存根（浙）

支票号码： X VI19561111003

附加信息 _____

出票日期 2016年11月16日

收款人：	宁波泰兴办公设备有限公司
金　额：	¥70200.00
用　途：	设备款

单位主管 李毅　　会计 罗玲

表 2-13-1

中国工商银行转账支票存根（浙）

支票号码： X VI19561111004

附加信息 _____

出票日期 2016年11月16日

收款人：	宁波隆威家具有限公司
金　额：	¥23400.00
用　途：	家具款

单位主管 李毅　　会计 罗玲

表 2-13-2

宁波增值税专用发票

3302153320　　NO 33545206

发票联

机器编号：　　　　　　　　开票日期：2016年11月16日

购买方	名　称： 宁波湘雨商贸有限公司
	纳税人识别号：1102231976318
	地址、电话：宁波中山大厦16号 61251220
	开户行及账号：工行中山分理处 11022319881210

密码区：略

货物或应税劳务、服务名称	规格型号	单位	数量	单价	金额	税率	税额
家具	批		1	20000	20000	17%	3400
合计					¥20000		¥3400

价税合计（大写）　　贰万叁仟肆佰元整　　　（小写）¥23400.00

销售方	名　称： 宁波隆威家具有限公司
	纳税人识别号：220223197632 6
	地址、电话：宁波东方大厦1楼 85551222
	开户行及账号：建行解放分理处 11022319111236

备注：（发票专用章）

收款人：李丽　　复核：王萍　　开票人：李丽　　销售方：（章）

表 2-13-3

3302153320	宁波增值税专用发票		NO 33545206	
机器编号：	抵 扣 联		开票日期：2016年11月16日	

购买方	名　　称：宁波湘甫商贸有限公司 纳税人识别号：1102231976318 地　址、电　话：宁波中山大厦16号 61251220 开户行及账号：工行中山分理处 11022319881210	密码区	略

货物或应税劳务、服务名称	规格型号	单位	数量	单价	金额	税率	税额
家具	批		1	20000	20000	17%	3400
合计					¥20000		¥3400

价税合计（大写）	贰万叁仟肆佰元整		（小写）¥23400.00

销售方	名　　称：宁波隆威家具有限公司 纳税人识别号：22022231976236 地　址、电　话：宁波东方大厦1楼 85551222 开户行及账号：建行解放分理处 11022319111236	备注	校验码

收款人：李丽　　复核：王萍　　开票人：李丽　　销售方：（章）

第三联：抵扣联 购买方抵扣凭证

表 2-14-1

中国工商银行转账支票存根（浙）

支票号码： X VI19561111005

附加信息

_____

_____

出票日期 2016年11月16日

收款人：宁波安居装修有限公司

金　额：¥80000.00

用　途：装修款

单位主管 李毅　　会计 罗玲

表 2-14-2

3302153320	宁波增值税专用发票	NO 35842207
机器编号：	发票联	开票日期：2016年11月16日

购买方	名　称：宁波湘甬商贸有限公司 纳税人识别号：1102231976318 地址、电话：宁波中山大厦16号 61251220 开户行及账号：工行中山分理处 11022319881210	密码区	略

货物或应税劳务、服务名称	规格型号	单位	数量	单价	金额	税率	税额
装修工程					72072.07	11%	7927.93

价税合计（大写）	捌万元整	（小写）¥80000.00

销售方	名　称：宁波安居装饰有限公司 纳税人识别号：6302238855664 地址、电话：宁波麒麟大厦1楼 87625432 开户行及账号：建行四明分理处 11022354225151	备注	（章）宁波安居装饰有限公司 发票专用章

收款人：刘一文　　复核：李丽芬　　开票人：刘一文　　销售方：（章）

税总函（2015）362号 上海东港安全印刷有限公司

第二联：发票联　购买方记账凭证

表 2-14-3

3302153320	宁波增值税专用发票	NO 35842207
机器编号：	抵扣联	开票日期：2016年11月16日

购买方	名　称：宁波湘甬商贸有限公司 纳税人识别号：1102231976318 地址、电话：宁波中山大厦16号 61251220 开户行及账号：工行中山分理处 11022319881210	密码区	略

货物或应税劳务、服务名称	规格型号	单位	数量	单价	金额	税率	税额
装修工程					72072.07	11%	7927.93

价税合计（大写）	捌万元整	（小写）¥80000.00

销售方	名　称：宁波安居装饰有限公司 纳税人识别号：6302238855664 地址、电话：宁波麒麟大厦1楼 87625432 开户行及账号：建行四明分理处 11022354225151	备注	（章）宁波安居装饰有限公司 发票专用章

收款人：刘一文　　复核：李丽芬　　开票人：刘一文　　销售方：（章）

税总函（2015）362号 上海东港安全印刷有限公司

第一联：抵扣联　购买方抵扣凭证

表 2-15

借 支 单

2016 年 11 月 18 日

借款部门	采购部	姓名	李军	出差地点	
				天 数	
事由	联系业务差旅费					
借款金额（大写）	人民币壹仟元整		现金付讫		¥1000.00
单位负责人签署	李毅	借款人签章	李军	注意事项	一、凡借款者必须使用本单 二、第三联为正式借据由借款人和单位负责人签章 三、出差返回后三日内结算
机关首长或授权人批示	同意预支		审核意见	同意预支	

表 2-16-1

中国工商银行现金支票存根（浙）

支票号码： X VI19561125003

附加信息

出票日期 2016年11月 16日

收款人：宁波湘甬商贸有限公司

金　额：¥ 2000.00

用　途：李娟借支

单位主管 李毅　　会计 罗玲

表 2-16-2

借 支 单

2016 年 11 月 16 日

借款部门	行政部	姓名	李娟	出差地点	
				天 数	
事由	购办公用品、汽车费用等					
借款金额（大写）	人民币贰仟元整				¥2000.00	
单位负责人签署	李毅	借款人签章	李娟	注意事项	一、凡借款者必须使用本单 二、第三联为正式借据由借款人和单位负责人签章 三、出差返回后三日内结算
机关首长或授权人批示	同意预支			审核意见	同意预支	

表 2-17-1

中国工商银行现金支票存根（浙）

支票号码： X VI19561125004

附加信息

出票日期 2016年11月18日

收款人：宁波湘甬商贸有限公司

金　额：¥2000.00

用　途：周辉借支

单位主管 李毅　　会计 罗玲

表 2-17-2

借 支 单

2016 年 11 月 18 日

借款部门	销售部	姓名	周辉	出差地点	
				天 数	
事由	联系业务				
借款金额（大写）	人民币贰仟元整			￥ 2000.00	
单位负责人签署	李毅	借款人签章	周辉	注意事项	一、凡借款者必须使用本单 二、第三联为正式借据由借款人和单位负责人签章 三、出差返回后三日内结算
机关首长或授权人批示	同意预支			审核意见	同意预支

表 2-18-1

出 差 旅 费 报 销 单

2016 年 11 月 20 日　　　款　　项

出差人员	李军	工作部门		采购科		
出差起讫日期及地点：自 11 月 16 至 11 月 19 日止计 4 天自 宁波 地区至 长沙 地区来回							
报销项目	车船费	其他车船费	宿费	途中补助	住勤费	行李费	合 计
单据张数	2					现金付讫	
报销金额	460.00		600.00	200.00			
人民币（大写） 壹仟贰佰陆拾元整 　　　　　　　　￥1260.00							
原借款 ￥1000.00 　　　　　　除报销款项金额外应收回（补付）￥260.00							
领导审查意见							

　　　负责人　　　　审核　　　会计　　　　出纳　　　　报销人：李军

表 2-18-2

```
C044017                          沪E
     宁波 ➡ 长沙                    K45次
 2016年11月16日    10:08开    06车13号
 全 价 230.00元        新空调硬卧快速
 限乘当日当次车
```

表 2-18-3

```
C055017                          沪E
     长沙 ➡ 宁波                    K45次
 2016年11月19日    10:08开    09车11号
 全 价 230.00元        新空调硬卧快速
 限乘当日当次车
```

表 2-18-4

4302204555	宁波增值税专用发票		NO 22345208
机器编号：	发 票 联		开票日期：2016年11月19日

购买方	名　　　称：宁波湘雨商贸有限公司	密码区	略
	纳税人识别号：1102231976318		
	地　址、电话：宁波中山大厦16号 61251220		
	开户行及账号：工行中山分理处 11022319881210		

货物或应税劳务、服务名称	规格型号	单位	数量	单价	金额	税率	税额
住宿		晚	3		566.04	6%	33.96

价税合计（大写）	陆佰元整	（小写）¥600.00

销售方	名　　　称：湖南湘江大酒店	备注	校验码
	纳税人识别号：4302237762365		（湖南湘江大酒店 发票专用章）
	地　址、电话：长沙韶山中路1楼 85912538		
	开户行及账号：建行韶山路分理处 11022352335261		

收款人：昌红　　　复核：彭鑫　　　开票人：昌红　　　销售方：（章）

表 2-18-5

3302153320	宁波增值税专用发票		NO 22345208
机器编号：	抵 扣 联		开票日期：2016年11月19日

购买方	名　　称：宁波湘甬商贸有限公司 纳税人识别号：1102231976318 地址、电话：宁波中山大厦16号 61251220 开户行及账号：工行中山分理处 11022319881210	密码区	略

住宿	规格型号	单位 晚	数量 3	单价	金额 566.04	税率 6%	税额 33.96

价税合计（大写）	陆佰元整	（小写）¥600.00

销售方	名　　称：湖南湘江大酒店 纳税人识别号：4302237762365 地址、电话：长沙韶山中路1楼 85912538 开户行及账号：建行韶山路分理处 11022352335261	备注	（发票专用章）

收款人：吕红　　复核：彭鑫　　开票人：吕红　　销售方：（章）

税总函（2015）362号 上海东港安全印刷有限公司

第二联：抵扣联 购买方抵扣凭证

表 2-19-1

中国工商银行转账支票存根（浙）

支票号码：　X VI 19561111005

附加信息

_____

_____

_____

出票日期 2016年11月22日

收款人：中国平安股份有限公司宁波分公司

金　　额：¥10000.00

用　　途：汽车险

单位主管 李毅　　会计 罗玲

表 2-19-2

宁波增值税专用发票 发票联

3302153320　　NO 54253209

机器编号：　　开票日期：2016年11月22日

购买方	名称：宁波湘甬商贸有限公司 纳税人识别号：1102231976318 地址、电话：宁波中山大厦16号 61251220 开户行及账号：工行中山分理处 11022319881210	密码区	略

货物或应税劳务、服务名称	规格型号	单位	数量	单价	金额	税率	税额
汽车保险费					9433.96	6%	566.04

价税合计（大写）	壹万元整	（小写）¥10000.00

销售方	名称：中国平安股份有限公司宁波分公司 纳税人识别号：63077845216 地址、电话：宁波平安大厦1楼 87886666 开户行及账号：建行柳汀分理处 11022387551166	备注	校验码 （发票专用章）

收款人：李娟　　复核：王浩　　开票人：李娟　　销售方：（章）

第二联：发票联 购买方记账凭证

税总函（2015）362号 上海东港安全印务有限公司

表 2-19-3

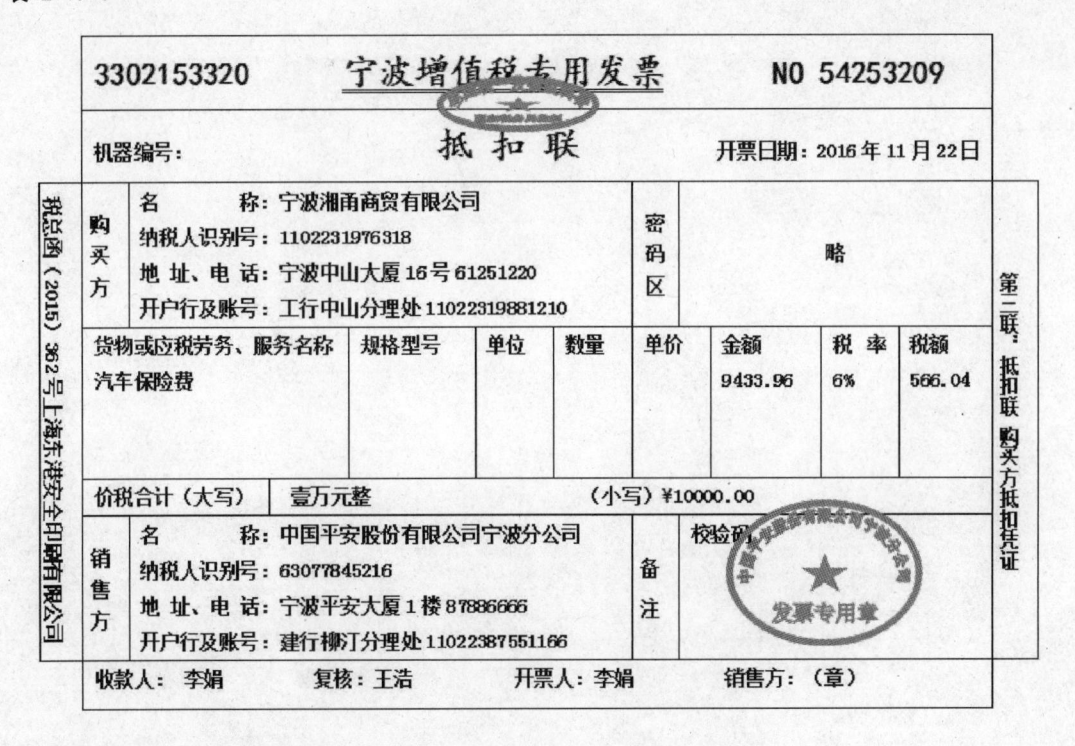

宁波增值税专用发票 抵扣联

3302153320　　NO 54253209

机器编号：　　开票日期：2016年11月22日

购买方	名称：宁波湘甬商贸有限公司 纳税人识别号：1102231976318 地址、电话：宁波中山大厦16号 61251220 开户行及账号：工行中山分理处 11022319881210	密码区	略

货物或应税劳务、服务名称	规格型号	单位	数量	单价	金额	税率	税额
汽车保险费					9433.96	6%	566.04

价税合计（大写）	壹万元整	（小写）¥10000.00

销售方	名称：中国平安股份有限公司宁波分公司 纳税人识别号：63077845216 地址、电话：宁波平安大厦1楼 87886666 开户行及账号：建行柳汀分理处 11022387551166	备注	校验码 （发票专用章）

收款人：李娟　　复核：王浩　　开票人：李娟　　销售方：（章）

第二联：抵扣联 购买方抵扣凭证

税总函（2015）362号 上海东港安全印务有限公司

表 2-20

中华人民共和国税收通用缴款书

（2006）浙 国缴 国

No

缴款单位（人）	代码	1102231976318	预算科目	编码	1011601
	全称	宁波湘甬商贸有限公司		名称	印花税
	开户银行	工行中山分理处		级次	市级
	账号	11022319881210	收款国库		市国库

税款所属时期 2016 年 11 月 01 日　　税款限缴日期 2016 年 11 月 31 日

品目名称	课税数量	计税金额或销售收入	税率或单位税额	已缴或扣除额	实缴金额
资金账簿		2000000.00	0.05%		1000.00

金额合计（大写）壹仟元整

缴款单位（人）（盖章） 经办人（章）		上列款项已收妥并划转收款单位账户 国库（银行）盖章 2016 年 11 月 22 日	备注：

（盖章：中国工商银行中山分理处 2016.11.22 收讫）

逾期不缴按税法规定加收滞纳

第一联（收据）国库（银行）收款盖章后退款缴款单位（人）作完税凭证

表 2-21-1

浙江省企业单位统一收据

03-3856814

记 账 联

2016 年 11 月 22 日

交款单位：　周辉

人民币(大写) 壹佰肆拾元整　　　　　　　　　¥140.00

系 付　　多余款交回

（现金收讫）

现金	√
支票	
付委	

收款单位(盖章有效)　　　财务　　　经手人　王晶晶

表 2-21-2

费 用 报 销 单

2016 年 11 月 22 日

姓 名	摘 要	膳用金额	车费金额	其他费用金额
周辉	招待费	1860.00		
		现金付讫		
合计（大写）壹仟捌佰陆拾元整		合计￥1860.00		

车间、部门：销售部　　审核：＿＿＿＿　　制单：周辉　　收款：周辉

表 2-21-3

3302153320	宁波增值税普通发票		N010000210
机器编号：	发 票 联		开票日期：2016年11月22日

购买方	名　　称：宁波湘雨商贸有限公司 纳税人识别号：1102231976318 地　址、电　话：宁波中山大厦16号 61251220 开户行及账号：工行中山分理处 11022319881210	密码区	略

货物或应税劳务、服务名称	规格型号	单位	数量	单价	金额	税率	税额
餐饮费					1805.83	3%	54.17

价税合计（大写）	壹仟捌佰 陆拾元整	（小写）￥1860.00

销售方	名　　称：宁波兴隆餐饮有限公司 纳税人识别号：22202274521487 地　址、电　话：宁波四明中路168号 89164875 开户行及账号：建行四明中路分理处 11022319542178	校验码	（发票专用章）

收款人：范彩艳　　复核：罗宇　　开票人：范彩艳　　销售方：(章)

表 2-22

费 用 报 销 单

2016 年 11 月 22 日

姓 名	摘 要	膳用金额	车费金额	其他费用金额
李娟	汽车油费		1000.00	
	汽车上牌工本费		200.00	
	交强险	现金付讫	1000.00	
	车船税		360.00	
合计（大写）贰仟伍佰陆拾元整		合计	￥2560.00	

车间、部门：行政部　　审核：　　　　制单：李娟　　收款：李娟

注：其他发票均为普通发票（略）。

表 2-23

工 资 结 算 表

2016年11月30日

姓 名	工资	奖金/提成	应付工资	扣款项目 社会保险	个人所得税	实发工资	签 章
李毅	6000		6,000.00	660.00	79.00	5,261.00	
陈丽	5000		5,000.00	550.00	28.50	4,421.50	
谢小芳	4000		4,000.00	440.00	1.80	3,558.20	
李娟	2500		2,500.00	275.00		2,225.00	
叶晓	4000		4,000.00	440.00	1.80	3,558.20	
王晶晶	2500		2,500.00	275.00		2,225.00	
小计	24000	0	24000	2640	111.1	21248.9	
李军	4000		4,000.00	440.00	1.80	3,558.20	
周辉	3000		3,000.00	330.00		2,670.00	
小计	7000	0	7000	770	1.8	6228.2	
合计	31000	0	31000	3410	112.9	27477.1	

会计：　　　叶晓　　出纳：　　王晶晶　　制单：　　罗玲

表 2-24

社保计算表
2016年11月15日

姓 名	工资	养老保险	医疗保险	失业、工伤、生育保险	合计
李毅	6000	1200	480.00	180.00	1,860.00
陈丽	5000	1000	400.00	150.00	1,550.00
谢小芳	4000	800	320.00	120.00	1,240.00
李娟	2500	500	200.00	75.00	775.00
叶晓	4000	800	320.00	120.00	1,240.00
王晶晶	2500	500	200.00	75.00	775.00
小计	24000	4800	1920	720	7440
李军	4000	800	320.00	120.00	1,240.00
周辉	3000	600	240.00	90.00	930.00
小计	7000	1400	560	210	2170
合计	31000	6200	2480	930	9610

会计：叶晓　　　　　出纳：王晶晶　　　　　制单：罗玲

表 2-25

损益类账户发生额汇总表
年　月　日

科目编码	会计科目	借方发生额	贷方发生额
	销售费用		
	管理费用		
	财务费用		
	小计		

表 2-26

会计科目汇总表

年 月 日

会计科目	方向	期初余额	本期借方发生额	本期贷方发生额	方向	期末余额

表 2-27-1

资 产 负 债 表
年 月 日

编制单位： 单位：元

资产	行次	期末余额	年初余额
流动资产	1		
货币资金	2		
交易性金融资产	3		
应收票据	4		
应收账款	5		
预付款项	6		
应收利息	7		
应收股利	8		
其他应收款	9		
存货	10		
一年内到期的非流动资产	11		
其他流动资产	12		
流动资产合计	**13**		
非流动资产：	14		
可供出售金融资产	15		
持有至到期投资	16		
长期应收款	17		
长期股权投资	18		
投资性房地产	19		
固定资产	20		
在建工程	21		
工程物资	22		
固定资产清理	23		
生产性生物资产	24		
油气资产	25		
无形资产	26		
开发支出	27		
商誉	28		
长期待摊费用	29		
递延所得税资产	30		
其他非流动资产	31		
非流动资产合计	**32**		
资产总计	**33**		

表 2-27-2

资 产 负 债 表（续）

年　月　日

编制单位：　　　　　　　　　　　　　　　　　　　　　单位：元

负债和所有者权益	行次	期末余额	年初余额
流动负债	34		
短期借款	35		
交易性金融负债	36		
应收票据	37		
应收账款	38		
预付款项	39		
应付职工薪酬	40		
应交税费	41		
应付利息	42		
应付股利	43		
其他应付款	44		
一年内到期的非流动负债	45		
其他流动负债	46		
流动负债合计	47		
非流动负债：	48		
长期借款	49		
应付债券	50		
长期应付款	51		
专项应付款	52		
预计负债	53		
递延所得税负债	54		
其他非流动负债	55		
非流动负债合计	**56**		
负债合计	**57**		
所有者权益	58		
实收资本	59		
资本公积	60		
减：库存股	61		
专项储备	62		
盈余公积	63		
未分配利润	64		
所有者权益合计	65		
负债和所有者权益合计	**66**		

法定代表人　　　　　　　会计机构负责人　　　　　制表人

表 2-27-3

利 润 表
年 月 日

编制单位： 单位：元

项目	行次	本期金额	上期金额
一、营业收入	1		
减：营业成本	2		
营业税金及附加	3		
销售费用	4		
管理费用	5		
财务费用	6		
资产减值损失	7		
加：公允价值变动收益	8		
投资收益	9		
其中：对联营企业和合营企业的投资收益	10		
二、营业利润	11		
加：营业外收入	12		
减：营业外支出	13		
其中：非流动资产处置损失	14		
三、利润总额	15		
减：所得税费用	16		
四、净利润	17		

法定代表人　　　　　　　会计机构负责人　　　　　　　制表人

表 2-28

增值税纳税申报表

根据《中华人民共和国增值税暂行条例》和《交通运输业和部分现代服务业营业税改征增值税试点实施办法》的规定制定本表。纳税人不论有无销售额，均应按主管税务机关核定的纳税期限按期填报本表，并向当地税务机关申报。

税款所属时间：自 年 月 日至 年 月 日　　填表日期：年 月 日　　　　金额单位：元至角分

纳税人识别号					
纳税人名称	（公章）	法定代表人姓名		注册地址	营业地址
开户银行及账号		企业登记注册类型		电话号码	

	项　目	栏次	一般货物及劳务和应税服务		即征即退货物及劳务和应税服务	
			本月数	本年累计	本月数	本年累计
销售额	（一）按适用税率征税销售额	1				
	其中：应税货物销售额	2				
	应税劳务销售额	3				
	纳税检查调整的销售额	4				
	（二）按简易征收办法征税销售额	5				
	其中：纳税检查调整的销售额	6				
	（三）免、抵、退办法出口销售额	7			——	——
	（四）免税销售额	8			——	——
	其中：免税货物销售额	9				
	免税劳务销售额	10				
税款计算	销项税额	11				
	进项税额	12				
	上期留抵税额	13			——	——
	进项税额转出	14				
	免、抵、退应退税额	15				
	按适用税率计算的纳税检查应补缴税额	16				
	应抵扣税额合计	17=12+13-14-15+16				
	实际抵扣税额	18（如17<11，则为17，否则为11）				
	应纳税额	19=11-18				
	期末留抵税额	20=17-18				
	简易征收办法计算的应纳税额	21				
	按简易征收办法计算的纳税检查应补缴税额	22				
	应纳税额减征额	23				
	应纳税额合计	24=19+21-23				
税款缴纳	期初未缴税额（多缴为负数）	25				
	实收出口开具专用缴款书退税额	26				
	本期已缴税额	27=28+29+30+31				
	①分次预缴税额	28			——	——
	②出口开具专用缴款书预缴税额	29				
	③本期缴纳上期应纳税额	30				
	④本期缴纳欠缴税额	31				
	期末未缴税额（多缴为负数）	32=24+25+26-27				
	其中：欠缴税额（≥0）	33=25+26-27				
	本期应补（退）税额	34=24-28-29				
	即征即退实际退税额	35	——	——		
	期初未缴查补税额	36				
	本期入库查补税额	37				
	期末未缴查补税额	38=16+22+36-37				

授权声明	如果你已委托代理人申报，请填写下列资料： 为代理一切税务事宜，现授权 （地址） 为本纳税人的代理申报人，任何与本申报表有关的往来文件，都可寄予此人。 授权人签字：	申报人声明	此纳税申报表是根据《中华人民共和国增值税暂行条例》的规定填报的，我相信它是真实的、可靠的、完整的。 声明人签字：

以下由税务机关填写：

收到日期：　　　　　　　　　　接收人：　　　　　　主管税务机关盖章

子任务 3　成长期经济业务实训

（一）学习目标

1. 了解成长期的特点；
2. 掌握成长期业务流程并核算成长期业务。

（二）任务描述

1. 熟悉企业会计制度和企业的各种财务制度；
2. 根据经济业务完善空白原始凭证；
3. 根据经济业务内容和原始凭证，编制记账凭证；
4. 对会计凭证进行审核；
5. 根据审核无误的记账凭证，登记现金日记账、银行存款日记账和各明细分类账；
6. 根据记账凭证进行"T"账户登记，编制科目汇总表（全月 1 次汇总）；
7. 根据科目汇总表登记总分类账；
8. 对账、更正错账、结账，编制试算平衡表；
9. 编制会计报表、纳税申报表；
10. 将会计凭证加封面，装订成册，归档保管。

（三）相关知识

运营初期，业务相对简单，由于前期大量购置固定资产，会引起固定资产进项税额大于销项税额。由于企业间信用尚未确立，因此大量采用现金结算方式。

财税〔2012〕15 号《财政部　国家税务总局关于增值税税控系统专用设备和技术维护费用抵减增值税税额有关政策的通知》规定，自 2011 年 12 月 1 日起，增值税纳税人购买增值税税控系统专用设备支付的费用以及缴纳的技术维护费（以下称二项费用）可在增值税应纳税额中全额抵减。有关政策如下：

1. 增值税纳税人 2011 年 12 月 1 日以后初次购买增值税税控系统专用设备（包括分开票机）支付的费用，可凭购买增值税税控系统专用设备取得的增值税专用发票，在增值税应纳税额中全额抵减（抵减额为价税合计额），不足抵减的可结转下期继续抵减。增值税纳税人非初次购买增值税税控系统专用设备支付的费用，由其自行负担，不得在增值税应纳税额中抵减。增值税税控系统包括：增值税防伪税控系统、货物运输业增值税专用发票税控系统、机动车销售统一发票税控系统和公路、内河货物运输业发票税控系统。增值税防伪税控系统的专用设备包括金税卡、IC卡、读卡器或金税盘和报税盘；货物运输业增值税专用发票税控系统专用设备包括税控盘和报税盘；机动车销售统一发票税控系统和公路、内河货物运输业发票税控系统专用设备包括税控盘和传输盘。

2. 增值税纳税人2011年12月1日以后缴纳的技术维护费（不含补缴的2011年11月30日以前的技术维护费），可凭技术维护服务单位开具的技术维护费发票，在增值税应纳税额中全额抵减，不足抵减的可结转下期继续抵减。

财税〔2015〕34号《财政部 国家税务总局关于小型微利企业所得税优惠政策的通知》规定，为了进一步支持小型微利企业发展，自2015年1月1日至2017年12月31日，对年应纳税所得额低于20万元（含20万元）的小型微利企业，其所得减按50%计入应纳税所得额，按20%的税率缴纳企业所得税。

（四）业务事项

1. 12月1日，出纳填制现金支票一张，提取现金8000元，作为公司备用。

2. 12月1日，采购部周波出差借支1000元，经审批后，出纳签发现金支票一张。

3. 12月2日，购入增值税防伪税控专用设备航天电脑和航天针式打印机，并取得增值税专用发票，价税合计7020元，财务部验收该设备。经审批后由财务部当天签发银行转账支票支付款项。

4. 12月2日，财务部叶晓申请支付宁波航天电子科技有限公司防伪税控系统用户应缴纳的技术维护年服务费280元。经审批后由财务部当天签发银行转账支票支付款项。

5. 12月2日，出纳向税务局购买增值税专用发票25份，金额15元；购买增值税普通发票25份，金额15元。经审批后现金支付。

6. 12月2日，向宁波创维科技有限公司购入财务管理软件20000元，财务部验收合格，经审批后由财务部当天签发银行转账支票支付款项。

7. 12月2日，向宁波兴隆包装设备有限公司采购打包机一台，增值税专用发票上标明价款3000元，增值税510元，价税合计3510元，仓库验收合格入库，经审批后由财务部签发银行转账支票支付款项。

8. 12月2日，上海东晟包装材料有限公司送来商品一批，开具了送货单和增值税专用发票，发票上列明货款10000元，增值税1700元，价税合计11700元，仓库王新宇验收合格入库，采购部周波申请支付该笔款项，经审批后由财务部电汇支付款项。

9. 12月8日，银行划扣11月员工社保，其中公司承担9610元，个人承担3410元。

10. 12月8日，银行划扣11月个人所得税。

11. 12月10日，销售部周辉申请支付宁波电台加盟招商广告费8000元，经审批后，出纳签发转账支票一张付讫。

12. 12月10日，上海贝格服饰有限公司送来商品一批，开具了送货单和增值税专用发票，发票上列明货款600000元，增值税102000元，价税合计702000元，仓库王新宇验收合格入库，采购部周波申请支付该笔款项，经审批后由财务部通过电汇支付款项。

13. 12月10日，汇总1~10日散客销售，汇总增值税普通发票上货款300000元，增值税51000元，价税合计351000元，销售款现结，出纳将款项送存银行。

14. 12月10日，收到电信部门寄来的上月消费发票，其中销售部话费500元，采购部300元，配送部200元，行政财务管理部门1500元，共计2500元。出纳开具转账支票支付。

15. 12月10日，财务部会计罗玲参加增值税开票员资格学习班取得增值税开票员证，报销培训费500元，经审批后，出纳现金付讫。

16. 12月15日，行政部谢小芳申请支付浙江亿鑫置业有限公司本月租金20000元。经审批后由财务部当天签发银行转账支票支付款项。

17. 12月15日，行政部谢小芳申请支付上月办公室物业管理费5000元，水电费2000元；仓库物业管理费2000元，水电费500元。经审批后由财务部当天签发银行转账支票支付款项。

18. 12月15日，仓库根据销售部已审批的销售单配送宁波开元餐饮有限公司订单商品，增值税专用发票上注明货款30000元，增值税5100元，价税合计35100元，销售款当日银行收到。

19. 12月15日，出纳填制现金支票一张，发放上月员工工资。

20. 2月20日，仓库根据销售部已审批的销售单配送宁波城市学院订购商品，增值税专用发票上注明货款56000元，增值税9520元，价税合计65520元，货款下月收取。

21. 12月20日，对宁波宁南餐饮有限公司投入资金300000元，持股比例为60%。

22. 12月20日，对宁波甬英服饰有限公司投入资金200000元，持股比例为40%。

23. 12月30日，行政部李娟报销本月维修及保养费共计3000元，经审批后，出纳转账支付。

24. 12月30日，预收宁波市伊美服饰有限公司公司货款100000元。

25. 12月30日，配送部邵俊勇申请支付本月发货运费2000元，取得货物运输增值税专用发票，经审批后，出纳签发转账支票付讫。

26. 12月30日，汇总21~30日散客销售，汇总增值税普通发票上货款420000元，增值税71400元，价税合计491400元，销售款现结，出纳将款项送存银行。

27. 12月30日，计提本月员工工资。（提成尚未计算系预发，个人自付社会保险中养老保险8%、医疗保险2%、失业保险1%）

28. 12月30日，计提本月社保公司承担部分。

29. 12月31日，将12月20日上海红豆服饰有限公司送来的商品暂估入账，仓库王新宇已根据送货单验收商品，验收无误后办理入库手续，开具入库单。

30. 12月31日，仓库进行商品盘点，盘亏男式休闲服1件，成本200元，进项税额34元，价税合计234元。经核查，盘亏商品系仓库管理员王新宇失职等原因造成，公司研究由其赔付100元，从下月工资中扣除，其余公司承担。

31. 12月31日，计算本月应交增值税。

32. 12月31日，装修费摊销。列入行政部。

33. 12月31日，计提固定资产折旧费。

34. 12月31日，摊销无形资产。

35. 12月31日，汇总本月销售商品，结转销售成本。

36. 12月31日，汇总本月随同商品销售的包装材料，结转本月包装材料成本。领用20%。

37. 12月31日，计提本年度应收账款坏账准备。

38. 12月31日，结转损益。

39. 12月31日，计提四季度企业所得税。注：根据《财政部 国家税务总局关于小型微利企业所得税优惠政策有关问题的通知》（财税〔2014〕34号）规定，自2017年1月1日至2017年12月31日，对年应纳税所得额低于10万元（含10万元）的小型微利企业，其所得减按50%计入应纳税所得额，按20%的税率缴纳企业所得税。

40. 12月31日，将所得税费用结转至本年利润。

41. 12月31日，结转本年利润。

42. 12月31日，计提法定盈余公积金。

43. 经股东会决议，按净利润的20%分配利润。

44. 12月31日，结转利润分配。

45. 编制科目汇总表。

46. 编制财务报表。

47. 编制纳税申报表。

（五）附件

表 3-1

```
中国工商银行现金支票存根（浙）
支票号码： XⅥ19561125006
附加信息
_____
_____
_____
出票日期 2016年12月01日

收款人：宁波湘甬商贸有限公司
金  额：￥8000.00
用  途：备用
单位主管 李毅   会计 罗玲
```

表 3-2-1

```
中国工商银行现金支票存根（浙）
支票号码： XⅥ19561125007
附加信息
_____
_____
_____
出票日期 2016年12月01日

收款人：宁波湘甬商贸有限公司
金  额：￥1000.00
用  途：周波借款
单位主管 李毅   会计 罗玲
```

表 3-2-2

借 支 单

2016年12月01日

借款部门	采购部	姓名	周波	出差地点	
				天 数	
事由	联系业务				
借款金额（大写）	人民币壹仟元整			现金付讫	￥ 1000.00
单位负责人签署	李毅	借款人签章	周波	注意事项	一、凡借款者必须使用本单 二、第三联为正式借据由借款人和单位负责人签章 三、出差返回后三日内结算
机关首长或授权人批示	同意预支			审核意见	同意预支

表 3-3-1

3302153320	宁波增值税专用发票		NO 16985301
机器编号：	发票联		开票日期：2016年12月02日

购买方	名　　称：宁波湘甬商贸有限公司	密码区	略
	纳税人识别号：1102231976318		
	地址、电话：宁波中山大厦16号 61251220		
	开户行及账号：工行中山分理处 11022319881210		

货物或应税劳务、服务名称	规格型号	单位	数量	单价	金额	税率	税额
联想电脑		4000	1		4000	17%	680
针式打印机		2000	1		2000	17%	340
合计					6000		1020

价税合计（大写）	柒仟零贰拾元整	（小写）¥7020.00

销售方	名　　称：宁波航天电子科技有限公司	备注	校验码
	纳税人识别号：2202231976632		
	地址、电话：宁波东方大厦12楼 85551562		
	开户行及账号：建行解放分理处 11022319111252		

收款人：王翔　　复核：李勇　　开票人：王翔　　销售方（章）

表 3-3-2

3302168866	宁波增值税专用发票		NO 16985301
机器编号：	抵扣联		开票日期：2016年12月02日

购买方	名　　称：宁波湘甬商贸有限公司	密码区	略
	纳税人识别号：1102231976318		
	地址、电话：宁波中山大厦16号 61251220		
	开户行及账号：工行中山分理处 11022319881210		

货物或应税劳务、服务名称	规格型号	单位	数量	单价	金额	税率	税额
联想电脑		4000	1		4000	17%	680
针式打印机		2000	1		2000	17%	340
合计					6000		1020

价税合计（大写）	柒仟零贰拾元整	（小写）¥7020.00

销售方	名　　称：宁波航天电子科技有限公司	备注	校验码
	纳税人识别号：2202231976632		
	地址、电话：宁波东方大厦12楼 8555156		
	开户行及账号：建行解放分理处 11022319111252		

收款人：王翔　　复核：李勇　　开票人：王翔　　销售方：（章）

表 3-3-3

中国工商银行转账支票存根（浙）

支票号码： X VI19561111006

附加信息

出票日期 2016年12月02日

收款人：宁波航天电子科技有限公司
金　额：￥7020.00
用　途：设备款

单位主管 李毅　会计 罗玲

表 3-4-1

宁波增值税专用发票

3302168866　　　　NO 14785302

发 票 联

机器编号：　　　　　　　　　开票日期：2016年12月02日

购买方	名　称：宁波湘甬商贸有限公司 纳税人识别号：1102231976318 地　址、电　话：宁波中山大厦16号 61251220 开户行及账号：工行中山分理处 11022319881210	密码区	略

货物或应税劳务、服务名称	规格型号	单位	数量	单价	金额	税率	税额
服务费					264.15	6%	15.85

价税合计（大写）　　贰佰捌拾元整　　　　（小写）￥280.00

销售方	名　称：宁波航天电子科技有限公司 纳税人识别号：2202231976632 地　址、电　话：宁波东方大厦12楼 8555156 开户行及账号：建行解放分理处 11022319111252	备注	校验码 （章）

收款人：王翔　复核：李勇　开票人：王翔　销售方：（章）

表 3-4-2

3302168866	宁波增值税专用发票		NO 14785302
机器编号：	抵扣联		开票日期：2016 年 12 月 02 日

购买方	名　　称：宁波湘甬商贸有限公司 纳税人识别号：1102231976318 地　址、电　话：宁波中山大厦 16 号 61251220 开户行及账号：工行中山分理处 11022319881210	密码区	略

货物或应税劳务、服务名称	规格型号	单位	数量	单价	金额	税率	税额
服务费					264.15	6%	15.85

价税合计（大写）	贰佰捌拾元整	（小写）¥280.00

销售方	名　　称：宁波航天电子科技有限公司 纳税人识别号：2202231976632 地　址、电　话：宁波东方大厦 12 楼 8555156 开户行及账号：建行解放分理处 11022319111252	备注	校验码 销售方：（章）

收款人：王翔　　复核：李勇　　开票人：王翔

税总函（2015）362 号上海东港安全印刷有限公司

第二联：抵扣联　购买方抵扣凭证

表 3-4-3

中国工商银行转账支票存根（浙）

支票号码：　X VI19561111007

附加信息

＿＿＿＿＿＿＿＿＿＿＿＿＿＿＿＿

＿＿＿＿＿＿＿＿＿＿＿＿＿＿＿＿

出票日期 2016 年 12 月 02 日

收款人：宁波航天电子科技有限公司

金　额：¥280.00

用　途：服务费

单位主管 李毅　　会计 罗玲

表 3-5

宁波市行政事业性统一收费票据

NO.3431223

财 B - 03 - 08　　　　　　　　　　　支票号

交款单位或个人	宁波湘雨商贸有限公司	购领证号	金额
收费项目名称	收费标准		
票据费	30		30 00
	现金付讫		
合　计			¥30 00

金额（大写）叁拾元整

收款单位（印章）　　　收款人（章）李鸿　　　2016 年 12月02日

表 3-6-1

宁波增值税专用发票

3302168866　　　　　　　　　　　　　　　NO 25052303

机器编号：　　　　　　发 票 联　　　开票日期：2016年12月02日

购买方	名　称：宁波湘雨商贸有限公司 纳税人识别号：1102231976318 地　址、电　话：宁波中山大厦16号 61251220 开户行及账号：工行中山分理处11022319881210	密码区	略
货物或应税劳务、服务名称	规格型号	单位	数量	单价	金额	税率	税额
财务软件					17094.02	11%	2905.98

价税合计（大写）　贰万元整　　　　　（小写）¥ 20000.00

销售方	名　称：宁波创维科技有限公司 纳税人识别号：22022398546899 地　址、电　话：宁波风华路3号 87651256 开户行及账号：工行路林分理处11022398156578	备注	校验码

收款人：李乐　　复核：李倩　　开票人：李乐　　销售方：（章）

表 3-6-2

宁波增值税专用发票

发票号码：3302168866　　NO 25052303

机器编号：　　　　　　抵 扣 联　　　开票日期：2016年12月02日

第二联：抵扣联 购买方抵扣凭证

税总函（2015）362号 上海东港安全印制有限公司

购买方	名　称：宁波湘甬商贸有限公司 纳税人识别号：1102231976318 地址、电话：宁波中山大厦16号 61251220 开户行及账号：工行中山分理处 11022319881210	密码区	略

货物或应税劳务、服务名称	规格型号	单位	数量	单价	金额	税率	税额
财务软件					17094.02	17%	2905.98

价税合计（大写）	贰万元整	（小写）¥ 20000.00

销售方	名　称：宁波创维科技有限公司 纳税人识别号：22022398546899 地址、电话：宁波风华路3号 87651256 开户行及账号：工行路林分理处 11022398156578	备注	校验码 （销售方：章）

收款人：李乐　　复核：李倩　　开票人：李乐

表 3-6-3

中国工商银行转账支票存根（浙）

支票号码： X VI19561111008

附加信息

出票日期 2016年12月02日

收款人：宁波创维科技有限公司
金　额：¥ 20000.00
用　途：财务软件

单位主管 李毅　　会计 罗玲

表 3-7-1

3302168866	宁波增值税专用发票		NO 26526304
机器编号：	发 票 联		开票日期：2016年12月02日

购买方	名　　　称：宁波湘甬商贸有限公司 纳税人识别号：1102231976318 地　址、电　话：宁波中山大厦16号 61251220 开户行及账号：工行中山分理处 11022319881210	密码区	略

货物或应税劳务、服务名称	规格型号	单位	数量	单价	金额	税率	税额
打包机			1	3000	3000	17%	510

价税合计（大写）	叁仟伍佰壹拾元整		(小写) ¥ 3510.00

销售方	名　　　称：宁波兴隆包装设备有限公司 纳税人识别号：2202231895512 地　址、电　话：宁波君悦大厦10楼 27551555 开户行及账号：建行下应分理处 11022319333525	备注	校验码

收款人：刘丽　　复核：夏晓云　　开票人：刘丽

表 3-7-2

3302168866	宁波增值税专用发票		NO 26526304
机器编号：	抵 扣 联		开票日期：2016年12月02日

购买方	名　　　称：宁波湘甬商贸有限公司 纳税人识别号：1102231976318 地　址、电　话：宁波中山大厦16号 61251220 开户行及账号：工行中山分理处 11022319881210	密码区	略

货物或应税劳务、服务名称	规格型号	单位	数量	单价	金额	税率	税额
打包机			1	3000	3000	17%	510

价税合计（大写）	叁仟伍佰壹拾元整		(小写) ¥ 3510.00

销售方	名　　　称：宁波兴隆包装设备有限公司 纳税人识别号：2202231895512 地　址、电　话：宁波君悦大厦10楼 27551555 开户行及账号：建行下应分理处 11022319333525	备注	校验码

收款人：刘丽　　复核：夏晓云　　开票人：刘丽

表 3-7-3

中国工商银行转账支票存根（浙）

支票号码： X VI19561111009

附加信息

出票日期 2016年12月02日

收款人：宁波兴隆包装设备有限公司
金　额：¥3510.00
用　途：设备

单位主管 李毅　会计 罗玲

表 3-8-1

宁波增值税专用发票

13302168866　　　　　　　　　　　　　NO 27000305

机器编号：　　　　　发票联　　　开票日期：2016年12月02日

购买方	名　称：宁波湘雨商贸有限公司	密码区	略
	纳税人识别号：1102231976318		
	地址、电话：宁波中山大厦16号 61251220		
	开户行及账号：工行中山分理处 11022319881210		

货物或应税劳务、服务名称	规格型号	单位	数量	单价	金额	税率	税额
包装材料		10000	1		10000.00	17%	1700.00

价税合计（大写）　壹万壹仟柒佰元整　　　（小写）¥11700.00

销售方	名　称：上海东晟包装材料有限公司	校验码	
	纳税人识别号：5502235653895	备注	
	地址、电话：上海徐闻大厦10楼 88556342		
	开户行及账号：建行徐闻分理处 11022319333525		

收款人：汪丽　　复核：李晟　　开票人：汪丽　　销售方：（章）

税总函（2015）362号 上海东港安全印刷有限公司

第二联：发票联 购买方记账凭证

表 3-8-2

宁波增值税专用发票

13302168866　　NO 27000305

抵扣联

机器编号：　　　　　　　　开票日期：2016年12月02日

税局函（2015）362号 上海东港安全印刷有限公司　　第二联：抵扣联 购买方抵扣凭证

购买方	名　　称：宁波湘甬商贸有限公司 纳税人识别号：1102231976318 地址、电话：宁波中山大厦16号 61251220 开户行及账号：工行中山分理处 11022319881210	密码区	略

货物或应税劳务、服务名称	规格型号	单位	数量	单价	金额	税率	税额
包装材料		10000	1		10000.00	17%	1700.00

价税合计（大写）	壹万壹仟柒佰元整	（小写）¥11700.00

销售方	名　　称：上海东晟包装材料有限公司 纳税人识别号：5502235653895 地址、电话：上海徐闻大厦10楼 88556342 开户行及账号：建行徐闻分理处 11022319333525	校验码	

收款人：汪丽　　复核：李晟　　开票人：汪丽　　销售发票专用章

表 3-9-1

宁波市社会保险基金

专用托收凭证（付款通知代发票）

委托日期 2016年12月08日　　付款期限 2016年12月10日

付款人	全称	宁波湘甬商贸有限公司	收款人	全称	宁波市社会保险管理局
	账号或地址	11022319881210		账号	621345682901245086294
	开户行	工行中山分理处		开户行	农业银行　行号

委托金额（大写）捌仟陆佰捌拾元整	￥ 千 百 十 万 千 百 十 元 角 分 　　　　8 6 8 0 0 0

款项内容	人数	单位应缴	个人应缴
统筹养老保险金	8	6200	2480

备注：	付款人注意 1.应于见票当通知开户行社划款。 2.如需要拒付，应当规定期限内，将拒付是由书附债务证明退交开户行社。

单位主管　　会计　　复核　　记账　　付款人开户行盖章　　年　月　日

表 3-9-2

宁波市社会保险基金

专用托收凭证（付款通知代发票）

委托日期　2016年 12月 08日　　付款期限 2016年 12月 10日

付款人	全 称	宁波湘甬商贸有限公司	收款人	全 称	宁波市社会保险管理局		
	账号或地址	11022319881210		账号	621345682901245086294		
	开户行	工行中山分理处		开户行	农业银行	行号	

委托金额（大写）叁仟壹佰元整		千 百 十 万 千 百 十 元 角 分
		￥ 3 1 0 0 0 0

款项内容	人数	单位应缴	个人应缴
统筹医疗保险金	8	2480	620

备注：

付款人注意
1. 应于见票当通知开户行社划款。
2. 如需要拒付，应当规定期限内，将拒付是由书附债务证明退交开户行社。

单位主管　　会计　　复核　　记账　　付款人开户行盖章　　年 月 日

表 3-9-3

宁波市社会保险基金

专用托收凭证（付款通知代发票）

委托日期　2016年 12月 08日　　付款期限 2016年 12月 10日

付款人	全 称	宁波湘甬商贸有限公司	收款人	全 称	宁波市社会保险管理局		
	账号或地址	11022319881210		账号	621345682901245086294		
	开户行	工行中山分理处		开户行	农业银行	行号	

委托金额（大写）壹仟贰佰肆拾元整		千 百 十 万 千 百 十 元 角 分
		￥ 1 2 4 0 0 0

款项内容	人数	单位应缴	个人应缴
统筹失业保险金	8	620	310
统筹工伤保险金		155	0
统筹生育保险金		155	0

备注：

付款人注意
1. 应于见票当通知开户行社划款。
2. 如需要拒付，应当规定期限内，将拒付是由书附债务证明退交开户行社。

单位主管　　会计　　复核　　记账　　付款人开户行盖章　　年 月 日

表 3-10

中华人民共和国个人所得税缴款书

（2006）浙地缴

No

日期 2016 年 12 月 08 日

缴款单位（人）	代码	1102231976318	预算科目	编码	
	全称	宁波湘甬商贸有限公司		名称	个人所得税
	开户银行	工行中山分理处		级次	
	账号	11022319881210		收款国库	

税款所属时期 2016 年 11 月 01 日~30 日　　税款限缴日期 2016 年 12 月 10 日

品目名称	课税数量	计税金额或销售收入	税率或单位税额	已缴或扣除额	实缴金额
工资薪金所得			3%		112.9

金额合计（大写）壹佰壹拾贰元玖角整

缴款单位（人）（盖章）经办人（章）	上列款项已收妥并划转收款单位账户 国库（银行）盖章　　年　月　日	备注：

逾期不缴按税法规定加收带纳金

表 3-11-1

宁波增值税专用发票

3302168866　　　　NO 3400306

发票联

机器编号：　　　　开票日期：2016年12月10日

购买方	名　称：宁波湘甬商贸有限公司 纳税人识别号：1102231976318 地　址、电　话：宁波中山大厦 16 号 61251220 开户行及账号：工行中山分理处 11022319881210	密码区	略

货物或应税劳务、服务名称	规格型号	单位	数量	单价	金额	税率	税额
广告费					7547.17	6%	452.83

价税合计（大写）捌仟元整　　　　（小写）￥8000.00

销售方	名　称：宁波天天广告有限公司 纳税人识别号：110231974568 地　址、电　话：宁波中山大厦 164 号 61251332 开户行及账号：工行中山分理处 11022319881562	备注	

收款人：忻芸　　复核：程成　　开票人：忻芸　　销售方：（章）

表 3-11-2

3302168866	宁波增值税专用发票	NO 34000306
机器编号：	抵 扣 联	开票日期：2016年12月10日

税总函（2015）362号上海东港安全印制有限公司

第三联：抵扣联 购买方抵扣凭证

购买方	名　　　称：宁波湘甬商贸有限公司 纳税人识别号：1102231976318 地　址、电　话：宁波中山大厦16号 61251220 开户行及账号：工行中山分理处 11022319881210	密码区	略

货物或应税劳务、服务名称	规格型号	单位	数量	单价	金额	税率	税额
广告费					7547.17	6%	452.83

价税合计（大写）	捌仟元整	（小写）¥8000.00

销售方	名　　　称：宁波天天广告有限公司 纳税人识别号：1102231974568 地　址、电　话：宁波中山大厦164号 61251332 开户行及账号：工行中山分理处 11022319881562	备注	校验码 （发票专用章）

收款人：忻芸　　复核：程成　　开票人：忻芸

表 3-11-3

中国工商银行转账支票存根（浙）

支票号码：　X VI19561111010

附加信息

_____

_____

出票日期　2016年12月10日

收款人：宁波天天广告有限公司
金　额：¥8000.00
用　途：广告费

单位主管　李毅　　会计　罗玲

表 3-12-1

宁波增值税专用发票

13302168866　　　　　　　　　　　　　　　　　　NO 25500307

发票联

开票日期：2016年12月10日

购买方	名　称：宁波湘甬商贸有限公司 纳税人识别号：1102231976318 地址、电话：宁波中山大厦16号 61251220 开户行及账号：工行中山分理处 11022319881210	密码区	略

货物或应税劳务、服务名称	规格型号	单位	数量	单价	金额	税率	税额
男式休闲服	525	件	1500	200	300000	17%	51000
女式休闲服	626	件	1500	200	300000	17%	51000
合计					600000		102000

价税合计（大写）	柒拾万贰仟元整	（小写）¥702000.00

销售方	名　称：上海贝格服饰有限公司 纳税人识别号：2202231896556 地址、电话：上海东方大厦10楼 27658825 开户行及账号：建行浦东分理处 11022319666232	备注	校验码

收款人：忻娟　　复核：李宁　　开票人：忻娟　　销售方：（章）

第二联：发票联　购买方记账凭证

表 3-12-2

宁波增值税专用发票

13302168866　　　　　　　　　　　　　　　　　　NO 25500307

抵扣联

开票日期：2016年12月10日

购买方	名　称：宁波湘甬商贸有限公司 纳税人识别号：1102231976318 地址、电话：宁波中山大厦16号 61251220 开户行及账号：工行中山分理处 11022319881210	密码区	略

货物或应税劳务、服务名称	规格型号	单位	数量	单价	金额	税率	税额
男式休闲服	525	件	1500	200	300000	17%	51000
女式休闲服	626	件	1500	200	300000	17%	51000
合计					600000		102000

价税合计（大写）	柒拾万贰仟元整	（小写）¥702000.00

销售方	名　称：上海贝格服饰有限公司 纳税人识别号：2202231896556 地址、电话：上海东方大厦10楼 27658825 开户行及账号：建行浦东分理处 11022319666232	备注	校验码

收款人：忻娟　　复核：李宁　　开票人：忻娟　　销售方：（章）

第二联：抵扣联　购买方抵扣凭证

表 3-12-3

中国工商银行　电汇凭证（回单）　　1

□普通　□加急　　委托日期　2016年12月10日

汇款人	全　称	宁波湘甬商贸有限公司	收款人	全　称	上海贝格服饰有限公司
	账　号	11022319881210		账　号	11022319666232
	汇出地点	浙江省 宁波 市/县		汇入地点	上海 市/县
	汇出行名称	工行中山分理处		汇入行名称	建行浦东分理处

金额　人民币（大写）柒拾万贰仟元整　　￥702000.00

汇出行签章　中国工商银行　20161210　转讫

附加信息及用途：货款

复核　记账

此联汇出行给汇款人的回单

表 3-12-4

入 库 单

供货单位：上海贝格服饰有限公司　　　　NO. 5256001
发票号码：05581366　　2016年 12月 10日　　收货仓库：　1

商品名称及规格	单位	数量 应收	数量 实收	实际成本 单价	实际成本 金额
男式休闲服	件	1500	1500	200	300000
女式休闲服	件	1500	1500	200	300000
合　计		3000	3000		600000

质量检验：黎民　　　　仓库：杨胜　　　　制单：杨胜

表 3-13-1

宁波增值税普通发票

3302153328				记 账 联			NO 10000308			
机器编号：						开票日期：2016年12月10日				

购买方	名　称：个人				密码区	略				
	纳税人识别号：									
	地址、电话：									
	开户行及账号：									

货物或应税劳务、服务名称	规格型号	单位	数量	单价	金额	税率	税额
男式休闲服			500	300	150000	17%	25500
女式休闲服			500	300	150000	17%	25500
合计					300000		51000
价税合计（大写）	叁拾伍万壹仟元整				（小写）¥351000.00		

销售方	名　称：宁波湘甬商贸有限公司	校验码
	纳税人识别号：1102231976318	
	地址、电话：宁波中山大厦16号 61251220	备注
	开户行及账号：工行中山分理处 11022319881210	

收款人：王晶晶	复核：萧山	开票人：沈阳	销售方：（章）

第一联：记账联 销售方记账凭证

税总函（2015）362号 上海东港安全印制有限公司

表 3-13-2

中国工商银行　现金缴款单　　（回　单）　　1

2016年12月10日

缴款单位	全　称	宁波湘甬商贸有限公司	款项来源	营业款
	账　号	11022319881210	缴款部门	

金额	人民币	中国工商银行	亿 千 百 十 万 千 百 十 元 角 分
	（大写）叁拾伍万壹仟元整		¥ 3 5 1 0 0 0 0 0 0

券别	张数	券别	张数	收款银行盖章
				经办人

表 3-13-3

产 品 出 库 单 （汇总）

第 01 号

2016 年 12 月 10 日

名 称	单位	数量	单价	金 额	备注
				百十万千百十元角分	
男式休闲服	件	500	300	1 5 0 0 0 0 0 0	
女式休闲服	件	500	300	1 5 0 0 0 0 0 0	
合 计				¥ 3 0 0 0 0 0 0 0	

主管　　会计　　　　质检员　　　保管员 王新宇　　　　经手人

表 3-14-1

宁波增值税专用发票　　NO 03057758

3302153320

机器编号：　　　发 票 联　　开票日期：2016年12月10日

购买方	名　　　称：宁波湘甬商贸有限公司 纳税人识别号：1102231976318 地址、电话：宁波中山大厦16号 61251220 开户行及账号：工行中山分理处 11022319881210	密码区	略

货物或应税劳务、服务名称	规格型号	单位	数量	单价	金额	税率	税额
电话费					2358.49	6%	141.51

价税合计（大写）　　　贰仟伍佰元整　　　　　（小写）¥2500.00

销售方	名　　　称：宁波电信股份有限公司 纳税人识别号：630223885598 地址、电话：宁波电信大厦1楼 87669898 开户行及账号：建行柳汀分理处 11022352556262	校验码	备注

收款人：张小玲　　复核：李雅　　开票人：张小玲　　销售方：（章）

税总函（2015）362号 上海东港安全印务有限公司

第二联：发票联 购买方记账凭证

表 3-14-2

中国工商银行转账支票存根（浙）

支票号码： X VI19561111011

附加信息 _____

出票日期 2016年12月10日

收款人：宁波电信股份有限公司
金　额：￥2500.00
用　途：电话费

单位主管 李毅　会计 罗玲

表 3-14-3

3302153320	宁波增值税专用发票	NO 03057758

机器编号：　　　　　抵扣联　　　　开票日期：2016年12月10日

税总函（2015）362号 上海东港安全印刷有限公司

购买方	名　称：宁波湘甬商贸有限公司 纳税人识别号：1102231976318 地址、电话：宁波中山大厦16号 61251220 开户行及账号：工行中山分理处 11022319881210	密码区	略

货物或应税劳务、服务名称	规格型号	单位	数量	单价	金额	税率	税额
电话费					2358.49	6%	141.51

价税合计（大写）	贰仟伍佰元整	（小写）￥2500.00

销售方	名　称：宁波电信股份有限公司 纳税人识别号：630223885598 地址、电话：宁波电信大厦1楼 87669898 开户行及账号：建行柳汀分理处 11022352556262	备注	（发票专用章）

收款人：张小玲　　复核：李雅　　开票人：张小玲　　销售方：（章）

第二联：抵扣联 购买方抵扣凭证

表 3-15-1

3302153320	宁波增值税专用发票	NO 154725115
机器编号：	发票联	开票日期：2016年12月10日

购买方	名称：宁波湘甬商贸有限公司 纳税人识别号：1102231976318 地址、电话：宁波中山大厦16号 61251220 开户行及账号：工行中山分理处 11022319881210	密码区	略

货物或应税劳务、服务名称	规格型号	单位	数量	单价	金额	税率	税额
培训费				现金付讫	471.70	6%	28.30

价税合计（大写）	伍佰元整	（小写）¥500.00

销售方	名称：宁波科达会计事务所 纳税人识别号：330223195958 地址、电话：宁波东方大厦1楼 89685888 开户行及账号：建行解放南路分理处 11022319222565	校验码 备注	（宁波科达会计师事务所 发票专用章）

| 收款人：张武 | 复核：王丽 | 开票人：张武 | 销售方：（章） |

第二联：发票联 购买方记账凭证

表 3-15-2

3302153320	宁波增值税专用发票	NO 154725115
机器编号：	抵扣联	开票日期：2016年12月10日

购买方	名称：宁波湘甬商贸有限公司 纳税人识别号：1102231976318 地址、电话：宁波中山大厦16号 61251220 开户行及账号：工行中山分理处 11022319881210	密码区	略

货物或应税劳务、服务名称	规格型号	单位	数量	单价	金额	税率	税额
培训费					471.70	6%	28.30

价税合计（大写）	伍佰元整	（小写）¥500.00

销售方	名称：宁波科达会计事务所 纳税人识别号：330223195958 地址、电话：宁波东方大厦1楼 89685888 开户行及账号：建行解放南路分理处 11022319222565	校验码 备注	（宁波科达会计师事务所 发票专用章）

| 收款人：张武 | 复核：王丽 | 开票人：张武 | 销售方：（章） |

第三联：抵扣联 购买方抵扣凭证

表 3-16-1

租金使用分配表

年　月

使用部门	比例（%）	应分配金额	使用部门	比例（%）	应分配金额
行政部	40		销售部	15	
财务部	20		采购部	15	
			配送部	10	
小计			小计		
合计	人民币大写			¥	

表 3-16-2

宁波增值税专用发票

3302153320　　　　　　　　　　　　　NO 03056545

发 票 联

机器编号：　　　　　　　　　　　开票日期：2015年12月15日

购买方
名　　称：宁波湘雨商贸有限公司
纳税人识别号：1102231976318
地　址、电话：宁波中山大厦16号 61251220
开户行及账号：工行中山分理处 11022319881210

密码区　略

货物或应税劳务、服务名称	规格型号	单位	数量	单价	金额	税率	税额
租赁费					18018.02	11%	1981.98

价税合计（大写）　　贰万元整　　　　　　　　（小写）¥20000.00

销售方
名　　称：浙江亿鑫置业有限公司
纳税人识别号：2202236854738
地　址、电话：宁波亿鑫大厦1楼 89651288
开户行及账号：建行中山分理处 11022319555868

备注　校验码

收款人：张武　　复核：李霞　　开票人：张武　　销售方（章）

税总函（2015）362号 上海东港安全印制有限公司

第二联：发票联　购买方记账凭证

表 3-16-3

3302153320	宁波增值税专用发票	NO 03056545
机器编号：	抵 扣 联	开票日期：2016年12月15日

税总函（2015）362号上海东港安全印制有限公司

第二联：抵扣联 购买方抵扣凭证

购买方	名　　称：宁波湘甬商贸有限公司 纳税人识别号：1102231976318 地　址、电　话：宁波中山大厦16号 61251220 开户行及账号：工行中山分理处 11022319881210	密码区	略

货物或应税劳务、服务名称	规格型号	单位	数量	单价	金额	税率	税额
租赁费					18018.02	11%	1981.98

价税合计（大写）	贰万元整	（小写）¥20000.00

销售方	名　　称：浙江亿鑫置业有限公司 纳税人识别号：2202236854738 地　址、电　话：宁波亿鑫大厦1楼 89651288 开户行及账号：建行中山分理处 11022319555868	备注	校验码 （发票专用章）

收款人：张武　　复核：李霞　　开票人：张武　　销售方：（章）

表 3-16-4

中国工商银行转账支票存根（浙）

支票号码： X Ⅵ 195611 11012

附加信息

_____

_____

出票日期 2016年12月15日

收款人：浙江亿鑫置业有限公司
金　额：¥20000.00
用　途：租金

单位主管 李毅　会计 罗玲

表 3-17-1

物业费使用分配表

使用部门	比例（%）	应分配金额	使用部门	比例（%）	应分配金额
行政部	40		销售部	15	
财务部	20		采购部	15	
			配送部	10	
小计			小计		
合计	人民币大写			※	

表 3-17-2

水电费使用分配表

使用部门	比例（%）	应分配金额	使用部门	比例（%）	应分配金额
行政部	40		销售部	15	
财务部	20		采购部	15	
			配送部	10	
小计			小计		
合计	人民币大写			※	

表 3-17-3

宁波增值税普通发票

3302153320			发票联		NO 03053245	
机器编号：				开票日期：2016年12月15日		

购买方
- 名　　称：宁波湘甬商贸有限公司
- 纳税人识别号：1102231976318
- 地　址、电　话：宁波中山大厦16号 61251220
- 开户行及账号：工行中山分理处 11022319881210

密码区：略

货物或应税劳务、服务名称	规格型号	单位	数量	单价	金额	税率	税额
物业费					6603.77	6%	396.23
水费					442.48	13%	57.52
电费					1709.40	17%	290.60
合计					8755.65		744.35

价税合计（大写）：玖仟伍佰元整　　（小写）￥9500.00

销售方
- 名　　称：浙江亿鑫置业有限公司
- 纳税人识别号：2202236854738
- 地　址、电　话：宁波亿鑫大厦1楼 89651288
- 开户行及账号：建行中山分理处 11022319555868

收款人：张武　　复核：李霞　　开票人：张武　　销售方：（章）

表 3-17-4

宁波增值税专用发票

3302153320			抵扣联		NO 03053245	
机器编号：				开票日期：2016年12月15日		

购买方
- 名　　称：宁波湘甬商贸有限公司
- 纳税人识别号：1102231976318
- 地　址、电　话：宁波中山大厦16号 61251220
- 开户行及账号：工行中山分理处 11022319881210

密码区：略

货物或应税劳务、服务名称	规格型号	单位	数量	单价	金额	税率	税额
物业费					6603.77	6%	396.23
水费					442.48	13%	57.52
电费					1709.40	17%	290.60
合计					8755.65		744.35

价税合计（大写）：玖仟伍佰元整　　（小写）￥9500.00

销售方
- 名　　称：浙江亿鑫置业有限公司
- 纳税人识别号：2202236854738
- 地　址、电　话：宁波亿鑫大厦1楼 89651288
- 开户行及账号：建行中山分理处 11022319555868

收款人：张武　　复核：李霞　　开票人：张武　　销售方：（章）

表 3-17-5

```
中国工商银行转账支票存根（浙）
支票号码： X VI19561111013
附加信息 _____
         _____
         _____

出票日期 2016年12月15日

收款人：宁波亿鑫置业有限公司
金　额：￥9500.00
用　途：物业费

单位主管 李毅　会计 罗玲
```

表 3-18-1

3302153328	宁波增值税普通发票	NO 03059851
机器编号：	记账联	开票日期：2016年12月15日

购买方	名　称：宁波开元餐饮有限公司 纳税人识别号：1102235928642 地　址、电话：宁波惠丰路206号 88586666 开户行及账号：工行惠丰分理处 11022359658736	密码区	略

货物或应税劳务、服务名称	规格型号	单位	数量	单价	金额	税率	税额
男式休闲服			50	300	15000	17%	2550
女式休闲服			50	300	15000	17%	2550

价税合计（大写）	叁万伍仟壹佰元整	（小写）￥35100.00

销售方	名　称：宁波湘甫商贸有限公司 纳税人识别号：1102231976318 地　址、电话：宁波中山大厦16号 61251220 开户行及账号：工行中山分理处 11022319881210	备注	校验码

| 收款人：王晶晶 | 复核：萧山 | 开票人：沈阳 | 销售方：（章） |

税总函（2015）362号 上海东港安全印务有限公司

第一联：记账联 销售方记账凭证

表 3-18-2

产 品 出 库 单 （汇总）

第 0 2 号

2016年 12月 15 日

名 称	单位	数量	单价	金 额 百 十 万 千 百 十 元 角 分	备注
男式休闲服	件	50	300	1 5 0 0 0 0 0	
女式休闲服	件	50	300	1 5 0 0 0 0 0	
合　　计				¥ 3 0 0 0 0 0 0	

主管　　　会计　　　　质检员　　　　保管员 王新宇　　　　经手人

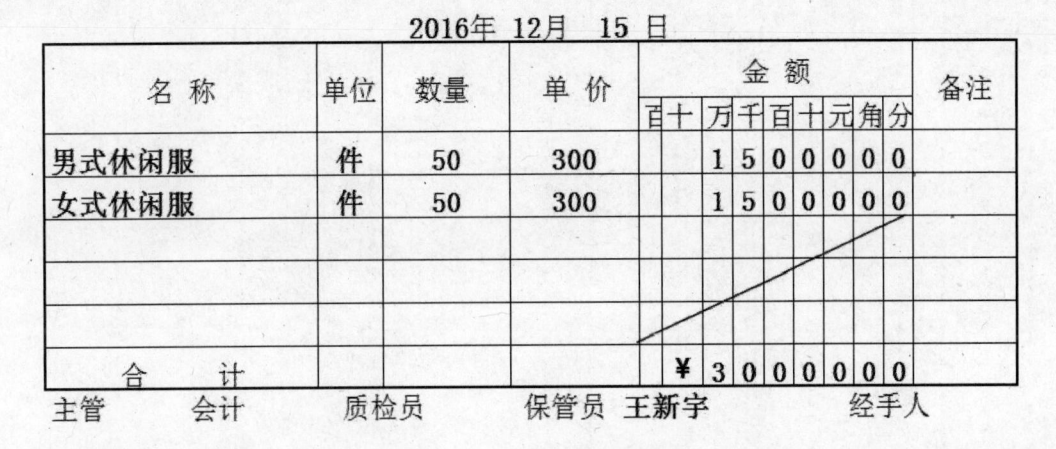

表 3-18-3

中国工商银行　进账单（收账通知）

2016年 12月 15日　　　　第 1 号

付款人	全　称	宁波开元餐饮有限公司	收款人	全　称	宁波湘甬商贸有限公司	
	账号	11022359658736		账　号	11022319881210	
	开户银行	工行惠丰分理处		开户银行	工行中山分理处	
人民币（大写）		叁万伍仟壹佰元整			百 十 万 千 百 十 元 角 分 ¥ 3 5 1 0 0 0 0	
票据种类						

（中国工商银行 2016215 转讫）

收款人开户行盖章

注：1. 解入票据须俟收妥后方可用款
2. 本联干款项收妥后代收账通知

表 3-19-1

```
中国工商银行现金支票存根（浙）
支票号码： X VI19561125006
附加信息



出票日期    2016年12月15日

收款人：宁波湘雨商贸有限公司
金  额：￥27477.10
用  途：工资
单位主管：李毅    会计：罗玲
```

表 3-19-2

工资结算表
2016年11月15日

姓 名	工资	奖金/提成	应付工资	扣款项目		实发工资
				社会保险	个人所得税	
李毅	6000		6,000.00	660.00	79.00	5,261.00
陈丽	5000		5,000.00	550.00	28.50	4,421.50
谢小芳	4000		4,000.00	440.00	1.80	3,558.20
李娟	2500		2,500.00	275.00		2,225.00
叶晓	4000		4,000.00	440.00	1.80	3,558.20
王晶晶	2500		2,500.00	275.00		2,225.00
小计	24000	0	24000	2640	111.1	21248.9
李军	4000		4,000.00	440.00	1.80	3,558.20
周辉	3000		3,000.00	330.00		2,670.00
小计	7000	0	7000	770	1.8	6228.2
合计	31000	0	31000	3410	112.9	27477.1

会计：叶晓　　　　　　　　　出纳：王晶晶　　　　　　　　　制单：

表 3-20-1

宁波增值税普通发票

3302153328　　　　记 账 联　　　　NO 03059851

机器编号：　　　　　　　　　　　开票日期：2016年12月20日

购买方	名　称：宁波城市学院 纳税人识别号：1102206981528 地址、电话：宁波秋实路528号 开户行及账号：建行秋实路分理处1102205698473	密码区	略

货物或应税劳务、服务名称	规格型号	单位	数量	单价	金额	税率	税额
男式休闲服			100	280	28000	17%	4760
女式休闲服			100	280	28000	17%	4760
合计					56000		9520

价税合计（大写）　陆万伍仟伍佰壹拾元整　　（小写）¥65520.00

销售方	名　称：宁波湘雨商贸有限公司 纳税人识别号：1102231976318 地址、电话：宁波中山大厦16号 61251220 开户行及账号：工行中山分理处11022319881210	备注	校验码

收款人：王晶晶　　复核：萧山　　开票人：沈阳　　销售方：（章）

表 3-20-2

产品出库单（汇总）

第 02 号

2016 年 12 月 20 日

名　称	单位	数量	单价	金额（百十万千百十元角分）	备注
男式休闲服	件	100	280	2800000	
女式休闲服	件	100	280	2800000	
合　计				¥5600000	

主管　　会计　　质检员　　保管员 王新宇　　经手人

表 3-21-1

中国工商银行　进账单（回单）

2016 年 12 月 20 日　　第 1 号

付款人	全 称	宁波湘甬商贸有限公司	收款人	全 称	宁波宁南餐饮有限公司
	账 号	11022319881210		账 号	11022319886622
	开户银行	工行中山分理处		开户银行	工行中山分理处
人民币（大写）	叁拾万元整			¥ 3 0 0 0 0 0 0 0	
票据种类				收款人开户行盖章	

注：
1. 解入票据须俟收妥后方可用款
2. 本联于款项收妥后代收账通知

表 3-21-2

宁波宁南餐饮有限公司各投资方出资额计算表

2016 年 12 月 20 日

投资单位	公司注册资本	投资方出资额占公司注册资本比重(%)	投资单位占注册资本份额
宁波湘甬商贸有限公司		60	300000
刘 明		40	200000
合 计	500000	100	500000

表 3-21-3

投 资 协 议 书

经双方协商，宁波湘甬商贸有限公司向宁波宁南餐饮有限公司投资 30 万元，投资款于 2016 年 12 月 20 日到账，占宁波宁南餐饮有限公司注册资本的 60%；刘明投资 20 万元，投资款于 2016 年 12 月 20 日到账，占宁波宁南餐饮有限公司注册资本的 40%；投资期限 20 年，按投资比例分配税后利润。

投资方：宁波湘甬商贸有限公司
投资方：刘明　　　[刘明]

2016 年 12 月 10 日

表 3-22-1

中国工商银行　进账单（回单）

2016年 12月 20日　　　　　　　　第 1号

付款人	全称	宁波湘甬商贸有限公司	收款人	全称	宁波甬英服饰有限公司
	账号	11022319881210		账号	11022319886666
	开户银行	工行中山分理处		开户银行	工行中山分理处

人民币（大写）	贰拾万元整	千百十万千百十元角分 ¥ 2 0 0 0 0 0 0 0

票据种类

中国工商银行 20161220 转讫

收款人开户行盖章

注：1.解入票据须待收妥后方可用款
2.本联于款项收妥后代收账通知

表 3-22-2

宁波甬英服饰有限公司各投资方出资额计算表

2016年 12月 20日

投资单位	公司注册资本	投资方出资额占公司注册资本比重(%)	投资单位占注册资本份额
宁波湘甬商贸有限公司		40	200000
马英		60	300000
合计	500000	100	500000

表 3-22-3

投 资 协 议 书

经双方协商，宁波湘甬商贸有限公司向宁波甬英服饰有限公司投资 20 万元，投资款于 2016 年 12 月 20 日到账，占宁波甬英服饰有限公司注册资本的 40%；马英投资 30 万元，投资款于 2016 年 12 月 20 日到账，占宁波甬英服饰有限公司注册资本的 60%；投资期限 20 年，按投资比例分配税后利润。

投资方：宁波湘甬商贸有限公司
投资方：马英

2016 年 12 月 10 日

表 3-23-1

费 用 报 销 单

2016 年 12 月 30 日

姓 名	摘 要	膳用金额	车费金额	其他费用金额
李娟	维修费		3000.00	
合计（大写）叁仟元整		合计	￥3000.00	

车间、部门：__行政部__　　审核：_____　　制单：__李娟__　　收款：__李娟__

表 3-23-2

3302153320	宁波增值税专用发票		NO 03057758	
机器编号：	发 票 联		开票日期：2015 年 12 月 30 日	
购买方	名　　　称：宁波湘甬商贸有限公司 纳税人识别号：1102231976318 地址、电话：宁波中山大厦16号 61251220 开户行及账号：工行中山分理处 11022319881210		密码区	略
货物或应税劳务、服务名称	规格型号	单位　数量　单价	金额	税率　税额
维修费			2564.10	17%　435.90
价税合计（大写）	叁仟元整		（小写）¥3000.00	
销售方	名　　　称：宁波欣欣别克汽车有限公司 纳税人识别号：1102231976320 地址、电话：宁波青叶大厦16号 81251226 开户行及账号：建行柳汀分理处 11022319881216		校验码	（发票专用章）
收款人：张新　　复核：程心怡　　开票人：张新　　销售方：（章）				

表 3-23-3

3302153320	宁波增值税专用发票		NO 03057758	
机器编号：	抵 扣 联		开票日期：2015 年 12 月 30 日	
购买方	名　　　称：宁波湘甬商贸有限公司 纳税人识别号：1102231976318 地址、电话：宁波中山大厦16号 61251220 开户行及账号：工行中山分理处 11022319881210		密码区	略
货物或应税劳务、服务名称	规格型号	单位　数量　单价	金额	税率　税额
维修费			2564.10	17%　435.90
价税合计（大写）	叁仟元整		（小写）¥3000.00	
销售方	名　　　称：宁波欣欣别克汽车有限公司 纳税人识别号：1102231976320 地址、电话：宁波青叶大厦16号 81251226 开户行及账号：建行柳汀分理处 11022319881216		校验码	（发票专用章）
收款人：张新　　复核：程心怡　　开票人：张新　　销售方：（章）				

表 3-23-4

中国工商银行转账支票存根（浙）
支票号码： X VI 1956256024
附加信息

出票日期 2016年12月30日

收款人：宁波欣欣别克汽车有限公司
金　额：￥3000.00
用　途：维修费

单位主管 李毅　会计 罗玲

表 3-24-1

浙江省企业单位统一收据

03-56231619

记 账 联

2016 年 12 月 30 日

交款单位：宁波市伊美服饰有限公司

人民币(大写 壹拾万元整　　　　　　　　　　￥100000.00

系 付　　定金

现金	
支票	√
付委	

收款单位(盖章有效)　　　　　　财务 马英
经手人　周辉

表 3-24-2

中国工商银行　进账单（收账通知）
2016 年 12 月 30 日　　　　　　　　　第 1 号

付款人	全 称	宁波市伊美服饰有限公司	收款人	全 称	宁波湘甬商贸有限公司									
	账 号	11022323567815		账 号	11022319881210									
	开户银行	工行百丈路分理处		开户银行	工行中山分理处									
人民币（大写）		壹拾万元整				千	百	十	万	千	百	十	元	角	分
							¥	1	0	0	0	0	0	0	0
票据种类					转讫 中国工商银行 20161230									
					收款人开户行盖章									

注：
1. 解入票据须俟收妥后方可用款
2. 本联于款项收妥后代收账通知

表 3-25-1

中国工商银行转账支票存根（浙）

支票号码：　X Ⅵ19561111014

附加信息

出票日期　2016年12月30日

收款人：宁波大地物流有限公司
金　额：￥2000.00
用　途：运费

单位主管　李毅　　会计　罗玲

表 3-25-2

3302153320	宁波增值税专用发票	NO 03056784
机器编号：	发 票 联	开票日期：2016年12月30日

购买方	名　　称：宁波湘甬商贸有限公司 纳税人识别号：1102231976318 地址、电话：宁波中山大厦16号 61251220 开户行及账号：工行中山分理处 11022319881210	密码区	略

货物或应税劳务、服务 名称	规格型号	单位	数量	单价	金额	税率	税额
运费				1801.8	1801.8	11%	198.2

价税合计（大写）	贰仟元整	（小写）¥2000.00

销售方	名　　称：宁波大地物流有限公司 纳税人识别号：22022398546868 地址、电话：宁波风华路356号 87651288 开户行及账号：工行路林分理处 11022398156523	备注	（宁波大地物流有限公司发票专用章）

收款人：周洋	复核：吴丽	开票人：周洋	销售方：（章）

税总函（2015）362号 上海东港安全印刷有限公司

第二联：发票联　购买方记账凭证

表 3-25-3

3302153320	宁波增值税专用发票	NO 03056784
机器编号：	抵 扣 联	开票日期：2016年12月30日

购买方	名　　称：宁波湘甬商贸有限公司 纳税人识别号：1102231976318 地址、电话：宁波中山大厦16号 61251220 开户行及账号：工行中山分理处 11022319881210	密码区	略

货物或应税劳务、服务 名称	规格型号	单位	数量	单价	金额	税率	税额
运费				1801.8	1801.8	17%	198.2

价税合计（大写）	贰仟元整	（小写）¥2000.00

销售方	名　　称：宁波大地物流有限公司 纳税人识别号：22022398546868 地址、电话：宁波风华路356号 87651288 开户行及账号：工行路林分理处 11022398156523	备注	（宁波大地物流有限公司发票专用章）

收款人：周洋	复核：吴丽	开票人：周洋	销售方：（章）

税总函（2015）362号 上海东港安全印刷有限公司

第三联：抵扣联　购买方抵扣凭证

表 3-26-1

3302153328		宁波增值税普通发票				NO 03059851		
机器编号：		记 账 联				开票日期：2016年12月30日		
购买方	名　　称：	个人			密码区	略		
	纳税人识别号：							
	地址、电话：							
	开户行及账号：							
货物或应税劳务、服务名称	规格型号	单位	数量	单价	金额	税率	税额	
男式休闲服			500	300	150000	17%	25500	
女式休闲服			500	300	150000	17%	25500	
男式运动服			300	400	120000	17%	20400	
合计					420000		71400	
价税合计（大写）		肆拾玖万壹仟肆佰元整			（小写）¥491400.00			
销售方	名　　称：	宁波湘甬商贸有限公司			校验码			
	纳税人识别号：1102231976318							
	地址、电话：宁波中山大厦16号 61251220							
	开户行及账号：工行中山分理处 11022319881210							
收款人：王晶晶		复核：萧山		开票人：沈阳		销售方：（章）		

表 3-26-2

中国工商银行 现金缴款单　　（回　单）　　1

2016年12月30日

缴款单位	全　称	宁波湘甬商贸有限公司	款项来源	营业款									
	账　号	11022319881210	缴款部门										
金额	人民币				亿	千	百	十	万	千	百	十	元	角	分
	（大写）肆拾玖万壹仟肆佰元整					¥	4	9	1	4	0	0	0	0
券别	张数	券别	张数	收款银行盖章									
				经办人									

表 3-26-3

产 品 出 库 单 （汇总）

第 0 3 号

2016 年 12月 30 日

名 称	单位	数量	单 价	金 额 百十万千百十元角分	备注
男式休闲服	件	500	300	1 5 0 0 0 0 0	
女式休闲服	件	500	300	1 5 0 0 0 0 0	
男式运动服	件	300	400	1 2 0 0 0 0 0	
合 计				¥ 4 2 0 0 0 0 0	

主管　　　会计　　　质检员　　　保管员 王新宇　　　经手人

表 3-27

工 资 结 算 表

2016年12月30日

姓 名	工资	奖金/提成	应付工资	扣款项目 社会保险	个人所得税	实发工资	签 章
李毅	6000		6,000.00	660.00	79.00	5,261.00	
陈丽	5000		5,000.00	550.00	28.50	4,421.50	
吴勇	5000		5,000.00	550.00	28.50	4,421.50	
谢小芳	4000		4,000.00	440.00	1.80	3,558.20	
李娟	2500		2,500.00	275.00		2,225.00	
叶晓	4000		4,000.00	440.00	1.80	3,558.20	
王晶晶	2500		2,500.00	275.00		2,225.00	
小计	29000	0	29000	3190	139.6	25670.4	
李军	4000		4,000.00	440.00	1.80	3,558.20	
周波	2000		2,000.00	220.00		1,780.00	
周辉	3000	1000	4,000.00	440.00	1.80	3,558.20	
沈阳	2000	500	2,500.00	275.00		2,225.00	
邵俊勇	4000		4,000.00	440.00	1.80	3,558.20	
王新宇	2500		2,500.00	275.00		2,225.00	
小计	17500	1500	19000	2090	5.4	16904.6	
合计	46500	1500	48000	5280	145	42575	

会计：叶晓　　　　　出纳：王晶晶　　　　　制单：罗玲

表 3-28

工 资 结 算 表

2016年12月15日

姓 名	工资	奖金/提成	应付工资	扣款项目 社会保险	扣款项目 个人所得税	实发工资	签章
李颖	6000		6,000.00	660.00	79.00	5,261.00	
陈丽	5000		5,000.00	550.00	28.50	4,421.50	
吴勇	5000		5,000.00	550.00	28.50	4,421.50	
谢小芳	4000		4,000.00	440.00	1.80	3,558.20	
李娟	2500		2,500.00	275.00		2,225.00	
叶晓	4000		4,000.00	440.00	1.80	3,558.20	
王晶晶	2500		2,500.00	275.00		2,225.00	
小计	29000	0	29000	3190	139.6	25670.4	
李军	4000		4,000.00	440.00	1.80	3,558.20	
周波	2000		2,000.00	220.00		1,780.00	
周辉	3000	1000	4,000.00	440.00	1.80	3,558.20	
沈阳	2000	500	2,500.00	275.00		2,225.00	
郜俊勇	4000		4,000.00	440.00	1.80	3,558.20	
王新宇	2500		2,500.00	275.00		2,225.00	
小计	17500	1500	19000	2090	5.4	16904.6	
合计	46500	1500	48000	5280	145	42575	

出纳：王晶晶　　会计：叶晓　　制单：

表 3-29

货到未付款清单

供货单位：上海红豆服饰有限公司　　　　　　NO. 5256332
发票号码：　　　　　　2016 年 12 月 20 日　　收货仓库：_____

商品名称及规格	单位	数量		暂估价款	
		应收	实收	单价	金额
男式运动服	件	800	800	300	240000
女式运动服	件	500	500	300	150000
合　计		1300	1300		390000

质量检验：　　　　　　　仓库：王新宇　　　　　　　制单：

表 3-30

财产物资盘盈盘亏报告单

类别：存货　　　　　　2016 年 12 月 31 日

存货名称	规格	单位	数量		盘盈			盘亏			备注
			账存	实存	数量	单价	金额	数量	单价	金额	进项税额	
男式休闲服		件						1	200	200	34	
合　计												

分析原因：仓库管理员　　　　　审批意见：仓管赔偿100元，其余公司承担。
　　　　单位（盖章）　　　　　财务科负责人：　　　　　制表：

表 3-31

应交增值税计算表

年　月　日

项　目	金　额
本期销项税额	
进项税额转出	
本期实际可以抵扣的进项税额	
上期留抵税额	
本期应纳税额	

表 3-32

长期待摊费用摊销计算表

年　月　日

项　目	原始发生额	本期增加	本期摊销	期末数	摊销年限
租入固定资产改良支出					5

表 3-33

固定资产折旧计算表

年　月　日

名称型号	单位	数量	单价	原值	月折旧率	月折旧额	备注
别克汽车	辆	1	282051	282051	1.58%		年折旧率 19%
联想电脑	台	10	4000	40000			
美的空调	台	4	5000	20000			
办公家具	批	1	20000	20000			
合计				362051	1.58%		

表 3-34

无形资产摊销计算表

年　月　日

项　目	原始发生额	期初数	本期增加	本期摊销	期末数	摊销年限
财务软件						3

表 3-35

产品销售成本计算汇总表

年　月　日

商品名称	销售数量	单位成本	销售成本	备注
男式休闲服				
女式休闲服				
男式运动服				
合　计				

表 3-36

包装材料成本计算表

年　月　日

品　名	领用数量	单　位	单位成本	成　本
包装材料	20%	批		
合　计	20%			

表 3-37

坏账准备计算表

年　月　日

期末应收账款余额	计提比例	已提金额	补提金额	备注
	5%			

表 3-38

损益类账户发生额汇总表

年 月 日

会计科目	借方发生额	贷方发生额
主营业务收入		
主营业务成本		
销售费用		
管理费用		
资产减值损失		
合计		

表 3-39

企业所得税计算表

年 月 日

项目	金 额
税前利润	
加：纳税调整增加额	
减：纳税调整减少额	
减：优惠所得	
应纳税所得额	
所得税税率	
应纳所得税	

表 3-40

盈余公积计算表

年 月

项目	计提比例	金 额
法定盈余公积	10%	

表 3-41

会计科目汇总表

年　月　日

会计科目	方向	期初余额	本期借方发生额	本期贷方发生额	方向	期末余额
合计						

表 3-42-1

资 产 负 债 表

年 月 日

编制单位： 单位：元

资产	行次	期末余额	年初余额
流动资产	1		
货币资金	2		
交易性金融资产	3		
应收票据	4		
应收账款	5		
预付款项	6		
应收利息	7		
应收股利	8		
其他应收款	9		
存货	10		
一年内到期的非流动资产	11		
其他流动资产	12		
流动资产合计	**13**		
非流动资产：	14		
可供出售金融资产	15		
持有至到期投资	16		
长期应收款	17		
长期股权投资	18		
投资性房地产	19		
固定资产	20		
在建工程	21		
工程物资	22		
固定资产清理	23		
生产性生物资产	24		
油气资产	25		
无形资产	26		
开发支出	27		
商誉	28		
长期待摊费用	29		
递延所得税资产	30		
其他非流动资产	31		
非流动资产合计	**32**		
资产总计	**33**		

表 3-42-2

资 产 负 债 表（续）

年　月　日

编制单位：　　　　　　　　　　　　　　　　　　　　　　单位：元

负债和所有者权益	行次	期末余额	年初余额
流动负债	34		
短期借款	35		
交易性金融负债	36		
应收票据	37		
应收账款	38		
预付款项	39		
应付职工薪酬	40		
应交税费	41		
应付利息	42		
应付股利	43		
其他应付款	44		
一年内到期的非流动负债	45		
其他流动负债	46		
流动负债合计	47		
非流动负债：	48		
长期借款	49		
应付债券	50		
长期应付款	51		
专项应付款	52		
预计负债	53		
递延所得税负债	54		
其他非流动负债	55		
非流动负债合计	**56**		
负债合计	**57**		
所有者权益	58		
实收资本	59		
资本公积	60		
减：库存股	61		
专项储备	62		
盈余公积	63		
未分配利润	64		
所有者权益合计	65		
负债和所有者权益合计	**66**		

法定代表人　　　　　　　会计机构负责人　　　　　制表人

表 3-42-3

利 润 表

年　月　日

编制单位：　　　　　　　　　　　　　　　　　　　　　　　　单位：元

项　　目	行次	本 期 金 额	上 期 金 额
一、营业收入	1		
减：营业成本	2		
营业税金及附加	3		
销售费用	4		
管理费用	5		
财务费用	6		
资产减值损失	7		
加：公允价值变动收益	8		
投资收益	9		
其中：对联营企业和合营企业的投资收益	10		
二、营业利润	11		
加：营业外收入	12		
减：营业外支出	13		
其中：非流动资产处置损失	14		
三、利润总额	15		
减：所得税费用	16		
四、净利润	17		

法定代表人　　　　　　　会计机构负责人　　　　　　　制表人

表 3-42-4

现 金 流 量 表
年　月　日

编制单位：

项目	本期金额
一、经营活动产生的现金流量：	
销售商品、提供劳务收到的现金	
收到的税费返还	
收到的其他与经营活动有关的现金	
现金流入小计	
购买商品、接受劳务支付的现金	
支付给职工以及为职工支付的现金	
支付的各项税费	
支付的其他与经营活动有关的现金	
现金流出小计	
经营活动产生的现金流量净额	
二、投资活动产生的现金流量：	
收回的投资所收到的现金	
取得投资收益收到的现金	
处置固定资产、无形资产和其他长期资产而收到的现金净	
收到的与其他投资活动有关的现金	
现金流入小计	
购建固定资产、无形资产和其他长期资产所支付的现金	
投资所支付的现金	
支付的与其他投资活动有关的现金	
现金流出小计	
投资活动产生的现金流量净额	
三、筹资活动产生的现金流量：	
吸收投资所收到的现金	
借款所收到的现金	
收到的与其他筹资活动有关的现金	
现金流入小计	
偿还债务所支付的现金	
分配股利、利润或偿付利息所支付的现金	
支付的与其他筹资活动有关的现金	
现金流出小计	
筹资活动产生的现金流量净额	
四、汇率变动对现金的影响	
五、现金及现金等价物净增加额	

表 3-43-1

增 值 税 纳 税 申 报 表

根据《中华人民共和国增值税暂行条例》和《交通运输业和部分现代服务业营业税改征增值税试点实施办法》的规定制定本表。纳税人不论有无销售额，均应按主管税务机关核定的纳税期限按期填报本表，并向当地税务机关申报。

税款所属时间：自 年 月 日至 年 月 日　　填表日期：年 月 日　　　　金额单位：元至角分

纳税人识别号							
纳税人名称		（公章）	法定代表人姓名		注册地址	营业地址	
开户银行及账号			企业登记注册类型			电话号码	

项　目		栏次	一般货物及劳务和应税服务		即征即退货物及劳务和应税服务	
			本月数	本年累计	本月数	本年累计
销售额	（一）按适用税率征税销售额	1				
	其中：应税货物销售额	2				
	应税劳务销售额	3				
	纳税检查调整的销售额	4				
	（二）按简易征收办法征税销售额	5				
	其中：纳税检查调整的销售额	6				
	（三）免、抵、退办法出口销售额	7			——	——
	（四）免税销售额	8			——	——
	其中：免税货物销售额	9			——	——
	免税劳务销售额	10			——	——
税款计算	销项税额	11				
	进项税额	12				
	上期留抵税额	13				
	进项税额转出	14				
	免、抵、退应退税额	15				
	按适用税率计算的纳税检查应补缴税额	16				
	应抵扣税额合计	17=12+13-14-15+16		——		——
	实际抵扣税额	18（如17<11，则为17，否则为11）				
	应纳税额	19=11-18				
	期末留抵税额	20=17-18				——
	简易征收办法计算的应纳税额	21				
	按简易征收办法计算的纳税检查应补缴税额	22				
	应纳税额减征额	23				
	应纳税额合计	24=19+21-23				
税款缴纳	期初未缴税额（多缴为负数）	25				
	实收出口开具专用缴款书退税额	26				
	本期已缴税额	27=28+29+30+31				
	①分次预缴税额	28		——		——
	②出口开具专用缴款书预缴税额	29		——		——
	③本期缴纳上期应纳税额	30				
	④本期缴纳欠缴税额	31				
	期末未缴税额（多缴为负数）	32=24+25+26-27				
	其中：欠缴税额（≥0）	33=25+26-27			——	——
	本期应补（退）税额	34=24-28-29				
	即征即退实际退税额	35	——	——		
	期初未缴查补税额	36				
	本期入库查补税额	37				
	期末未缴查补税额	38=16+22+36-37				

授权声明	如果你已委托代理人申报，请填写下列资料： 为代理一切税务事宜，现授权 （地址） 为本纳税人的代理申报人，任何与本申报表有关的往来文件，都可寄予此人。 授权人签字：	申报人声明	此纳税申报表是根据《中华人民共和国增值税暂行条例》的规定填报的，我相信它是真实的、可靠的、完整的。 声明人签字：

以下由税务机关填写：

收到日期：　　　　　　　　　　　　接收人：　　　　　　主管税务机关盖章：

表 3-43-2

纳 税 申 报 表

纳税编码：
纳税人识别码：　　　　　　税款所属日期：　年　月　日至　年　月　日

金额单位：元（列至角分）

纳税人名称		地　址		经济性质		电话	
开户银行		帐　号		职工人数			
产品（货物、劳务）销售收入		应纳增值税		应纳消费税			
自开票纳税人开票金额		自开票纳税人抵扣金额		自开票纳税人相抵余额			

序号	税　种	征收项目	计征依据	税（费）率（额）	应纳税（费）额	其中：经批准减免额	经批准缓交额	实际应入库额
1	营业税							
2	其中：1.							
3	2.							
4	城市维护建设税							
5	教育费附加							
6	地方教育费附加							
7	代扣代缴个人所得税							
8	其中：1.							
9	2.							
10	3.							
11	文化事业建设费							
12	水利建设专项资金							
13	土地增值税							
14	印花税	购销合同（核定比例）%						
15	资源税							
16	合计							
17	残疾人就业保障金	上期职工平均人数	计征标准	应纳保障金额	其中：经批准抵扣额	经批准减免额	实际应入库额	

纳税人声明：本表所填数据真实、完整、愿意承担法律责任			如委托代理填报，由代理人填写以下各栏		
会计主管（签章）	办税人员（签章）	纳税单位（人）（签章）	代理人名称		代理人（签章）
			代理人地址		年月日
		申报日期：年月日	经办人		电话	

以下有税务机关填写				说明：1、缴纳增值税的纳税人，应附有经国税部门审核的增值税纳税申报表。本表一式三份，二份于月度终了十五日内报送主管税务机关，一份由纳税人留存。须附《扣缴个人所得税报告表》。
收到申报表日期		接收人		
完税凭证号码		完税日期		

宁 波 地 方 税 务 局 监 制

表 3-43-3

中华人民共和国企业所得税年度纳税申报表（A类）

税款所属期间：　　　年　　月　　日至　　　年　　月　　日

纳税人名称：

纳税人识别号：□□□□□□□□□□□□□□□　　　金额单位：元（列至角分）

类别	行次	项目	金额
利润总额计算	1	一、营业收入（填附表一）	
	2	减：营业成本（填附表二）	
	3	营业税金及附加	
	4	销售费用（填附表二）	
	5	管理费用（填附表二）	
	6	财务费用（填附表二）	
	7	资产减值损失	
	8	加：公允价值变动收益	
	9	投资收益	
	10	二、营业利润	
	11	加：营业外收入（填附表一）	
	12	减：营业外支出（填附表二）	
	13	三、利润总额（10+11－12）	
应纳税所得额计算	14	加：纳税调整增加额（填附表三）	
	15	减：纳税调整减少额（填附表三）	
	16	其中：不征税收入	
	17	免税收入	
	18	减计收入	
	19	减、免税项目所得	
	20	加计扣除	
	21	抵扣应纳税所得额	
	22	加：境外应税所得弥补境内亏损	
	23	纳税调整后所得（13+14－15+22）	
	24	减：弥补以前年度亏损（填附表四）	
	25	应纳税所得额（23－24）	
应纳税额计算	26	税率（25%）	
	27	应纳所得税额（25×26）	
	28	减：减免所得税额（填附表五）	
	29	减：抵免所得税额（填附表五）	
	30	应纳税额（27－28－29）	
	31	加：境外所得应纳所得税额（填附表六）	
	32	减：境外所得抵免所得税额（填附表六）	
	33	实际应纳所得税额（30+31－32）	
	34	减：本年累计实际已预缴的所得税额	
	35	其中：汇总纳税的总机构分摊预缴的税额	
	36	汇总纳税的总机构财政调库预缴的税额	
	37	汇总纳税的总机构所属分支机构分摊的预缴税额	
	38	合并纳税（母子体制）成员企业就地预缴比例	
	39	合并纳税企业就地预缴的所得税额	
	40	本年应补（退）的所得税额（33－34）	
附列资料	41	以前年度多缴的所得税额在本年抵减额	
	42	以前年度应缴未缴在本年入库所得税额	

纳税人公章：　　　　　代理申报中介机构公章：　　　　　主管税务机关受理专用章：

经办人：　　　　　　　经办人及执业证件号码：　　　　　受理人：

申报日期：　年　月　日　代理申报日期：年　月　日　　　受理日期：年　月　日

子任务 4 成熟期经济业务实训

（一）学习目标

1. 了解商业企业成熟期的特点；
2. 掌握成熟期业务流程并进行会计核算；
3. 能进行期初建账等跨期业务处理；
4. 能进行一月多次汇总登记业务处理。

（二）任务描述

1. 熟悉企业会计制度和企业的各种财务制度；
2. 根据总分类账余额开设总分类账户，并登记期初余额；
3. 根据明细分类账余额开设明细分类账户、现金日记账和银行存款日记账，并登记期初余额；
4. 根据经济业务完善空白原始凭证；
5. 根据经济业务内容和原始凭证，编制记账凭证；
6. 对会计凭证进行审核；
7. 根据审核无误的记账凭证，登记现金日记账、银行存款日记账和各明细分类账；
8. 根据记账凭证进行"T"账户登记，编制科目汇总表（分别在10日、20日、31日汇总）；
9. 根据科目汇总表登记总分类账；
10. 对账、更正错账、结账，编制试算平衡表；
11. 编制会计报表、纳税申报表；
12. 将会计凭证加封面，装订成册，归档保管。

（三）相关知识

运营初期后，企业步入稳定发展时期，除日常经营业务外，企业将扩大规模，开设专卖店，拓展加盟店，进驻大型百货公司设专柜，委托代销；与供应商谈判，订立长期优惠供货合同；开展银行借款融资，购买股票等风险投资；因商品质量问题退货；与关联企业进行购销活动，结算方式也越来越复杂。

（四）业务事项

1. 1月1日，对上月上海红豆服饰有限公司暂估入库商品做冲红处理。

2. 1月3日，开出转账支票在证券公司开设股票购销账户。

3. 1月3日，收到宁波城市学院上月所欠货款65520元。

4. 1月3日，采购部与上海贝格服饰有限公司签订采购合同，合同中货款结算方式为月结，每月10日为结算日，发票发货时一起开出，合同生效日支付保证金50000元，经审批后，出纳签发电汇单支付。

5. 1月3日，采购部周波采购回来报销，共支付差旅费合计630元，经审批后，收回多余370元。

6. 1月4日，购买股票，作为交易性金融资产。

7. 1月4日，采购部与宁波丽莹服饰有限公司签订采购合同，合同中货款结算方式为现结，价格下浮2%～5%，合同生效日支付保证金10000元，经审批后，出纳签发转账支票支付。

8. 1月4日，仓库根据销售部已审批的销售单配送宁波恒翼钢铁有限公司订购商品，增值税专用发票上注明货款360000元，增值税61200元，价税合计421200元，收到银行承兑汇票一张。

9. 1月5日，收到上月暂估入库的上海红豆服饰有限公司的增值税专用发票，发票上列明货款390000元，增值税66300元，价税合计456300元，采购部周波申请将收到的银行承兑汇票421200元背书转让给上海红豆服饰有限公司，差额款项出纳转账支付。

10. 1月8日，上海红豆服饰有限公司送来商品一批，开具了送货单和增值税专用发票，发票上列明货款600000元，增值税102000元，价税合计702000元，仓库王新宇验收合格入库，货款未付。

11. 1月8日，销售部周辉与宁波华美服饰有限公司签订加盟合同，合同生效日收取加盟保证金30000元。同日银行收到保证金30000元。

12. 1月8日，银行划扣11月员工社保，共计20160元，其中公司承担14880元，个人承担5280元。

13. 1月8日，公司准备采用银行汇票的结算方式向上海贝格服饰有限公司采购一批休闲服，出纳到开户银行申请400000元的银行汇票。代填写银行汇票。

14. 1月10日，收到电信部门寄来的上月话费消费发票2500元。批准后出纳转账支付。

15. 1月10日，仓库根据销售部已审批的销售单配送宁波市伊美服饰有限公司订购商品，增值税专用发票上注明货款160000元，增值税27200元，价税合计187200元，销售款冲销上月预收的100000万元，余款下月结算。

16. 1月10日，银行划扣上月税款。

17. 1月10日，公司从上海贝格服饰有限公司采购休闲服，以银行汇票300000元支付采购款，同时收到银行汇票的多余款。

18. 1月10日，与浙江亿鑫置业有限公司签订租赁协议，租用位于黄兴路一处100平方米门面作为公司专卖店，协议规定，租赁期5年，租金按100元／平方米计算，押金20000元，1月支付半月租金和押金，以后各月租金于每月1日支付。行政部谢小芳申请支付浙江亿鑫置业公司本月租金和押金元。经审批后由财务部当天签发银行转账支票支付款项。

19. 1月10日，向银行申请的短期贷款500000元已入基本户，协议约定：贷款期限为1年（2017年1月10日至2018年1月9日），年利率8%，按季支付利息，每季20日为利息结算日，本金到期支付。

20. 1月10日，采用支付手续费的方式，委托宁波丽园服饰有限公司销售商品，货物由丽园公司运回。

21. 1月11日，仓库收到宁波市伊美服饰有限公司因质量问题退货的商品，仓库王新宇验收合格入库，开具了销售退货单和增值税专用负数发票，发票上注明货款2000元，增值税340元，价税合计2340元，经协商，此次退货的金额冲减应收款。

22. 1月11日，与宁波安居装饰有限公司签订装修协议，将黄兴路专卖店进行装修，合同规定，装修款共计100000元，合同签订日预付装修款的50%。行政部谢小芳申请支付安居装饰有限公司装修预付款。经审批后由财务部当天签发银行转账支票支付款项。

23. 1月12日，仓库根据销售部已审批的销售单配送加盟店宁波华美服饰有限公司订购商品，增值税专用发票上注明货款240000元，增值税40800元，价税合计280800元，款项未收，合同约定，若10内付款，可享受现金折扣2%（按不含税价计算）。

24. 1月15日，汇总1~15日散客销售，汇总增值税普通发票上货款420000元，增值税71400元，价税合计491400元，销售款现结，出纳将款项送存银行。

25. 1月15日，行政部谢小芳申请支付浙江亿鑫置业公司本月租金20000元。经审批后由财务部当天签发银行转账支票支付款项。

26. 1月15日，行政部谢小芳申请支付上月办公室物业管理费5000元，水电费2000元；仓库物业管理费2000元，水电费500元。经审批后由财务部当天签发银行转账支票支付款项。

27. 1月15日，经检查发现，质量问题退货的商品是上海红豆服饰有限公司送来的，采购部与该公司商议退货，同意我公司将有质量问题的商品退回，并冲抵所欠货款，同时开具增值税专用负数发票。

28. 1月15日，出纳填制现金支票一张，提取现金42475元，作为发放上月员工工资。扣回仓库管理员王新宇赔款100元。

29. 1月20日，黄兴路专卖店装修完工，行政部谢小芳申请支付宁波安居装饰有限公司装修余款。经审批后由财务部当天签发银行转账支票支付款项。

30. 1月20日，行政部谢小芳报销黄兴路专卖店分支机构工商服务费等1000元，经审批后，出纳现金支付。

31. 1月20日，购买黄兴路专卖店的陈列柜5个，挂衣架100个，储物箱10个，共计2106元，采购部周波申请支付。经审批后由财务部当天签发银行转账支票支付款项。

32. 1月20日，专卖店店长李伟报销员工工服10套，共计819元，验收合格后店长分发给员工使用，经审批后，出纳现金支付。

33. 1月20日，专卖店正式开张，行政部谢小芳报销开张庆典等费用900元，经审批后，出纳现金支付。

34. 1月20日，与进驻友谊百货，销售部申请支付进场保证金20000元，经审批后，出纳转账支付。

35. 1月20日，基本户收存款利息。

36. 1月20日，宁波泰兴办公设备有限公司送来收银机1台、空调1台、电脑1台，增值税专用发票上列明折扣后价款11000元，增值税1870元，价税合计12870元。专卖店验收合格，款项未付。

37. 1月20日，上海贝格服饰有限公司送来商品一批，开具了送货单和增值税专用发票，发票上列明货款200000元，增值税34000元，价税合计234000元，仓库王新宇验收合格入库，款项未付。

38. 1月20日，仓库根据销售部已审批的销售单配送宁波天甬通讯有限公司订购商品，增值税专用发票上注明货款264000元，增值税44880元，价税合计308880元，货款下月收取。

39. 1月20日，收到宁波华美服饰有限公司银行本票一张，支付所欠货款。计算现金折扣4800元，扣除现金折扣后出纳送存银行办理进账手续。

40. 1月30日，与宁波宁南餐饮有限公司结算，本月共计消费20000元，款项转账支付。

41. 1月31日，宁波甬英服饰有限公司送来商品一批，开具了送货单和增值税专用发票，发票上列明货款200000元，增值税34000元，价税合计234000元，仓库王新宇验收合格入库，款项未付。

42. 1月31日，宁波甬英服饰有限公司送来商品一批，开具了送货单和增值税专用发票，发票上列明货款90000元，增值税15300元，价税合计105300元，仓库王新宇验收合格入库，出纳开具转账支票支付款项。

43. 1月31日，出售不需用空调一台，原值5000元，已提折旧158元，收取价款3000元，出纳办理了进账手续。并结转出售空调净损益。

44. 1月31日，行政部李娟报销本月汽车维修费4000元，经审批后，出纳开出现金支票支付。

45. 1月31日，股票的收盘价为每股4元。

46. 1月31日，收到宁波丽园服饰有限公司代销清单，开具增值税专用发票。

47. 1月31日，计算应付宁波丽园服饰有限公司代销手续费。

48. 1月31日，结转已售委托代销商品成本。

49. 1月31日，收到宁波丽园服饰有限公司扣除手续费后代销商品货款。

50. 1月31日，计提本月员工工资。（提成尚未计算系预发，个人自付社会保险中养老保险8%、医疗保险2%、失业保险1%）

51. 1月31日，计提本月社保公司承担部分。

52. 1月31日，仓库进行商品盘点，盘盈男式休闲服2件，单位成本200元。

53. 1月31日，将黄兴路专卖店及本月散客销售单汇总入账。营业款存入银行。

54. 1月31日，计提本月未交增值税。

55. 1月31日，计提本月应交附加税。

56. 1月31日，装修费摊销。

57. 1月31日，计提固定资产折旧费。

58. 1月31日，摊销无形资产。

59. 1月31日，汇总本月销售商品，结转销售成本。

60. 1月31日，汇总本月仓库领用周转材料明细，结转本月周转材料销售成本。

61. 1月31日，计提本月贷款利息。

62. 1月31日，经批准，将盘盈入库的商品冲减管理费用。

63. 1月31日，结转损益。

64. 编制1月科目汇总表。

65. 编制1月财务报表。

66. 编制1月纳税申报表。

（五）附件

表 4-1

货到未付款清单

供货单位：上海红豆服饰有限公司　　　　　　NO. 5256332

发票号码：　　　　　2016 年 12 月 20 日　　收货仓库：＿＿＿＿＿

商品名称及规格	单位	数量 应收	数量 实收	暂估价款 单价	暂估价款 金额
男式运动服	件	800	800	300	240000
女式运动服	件	500	500	300	150000
合　计		1300	1300		390000

质量检验：　　　　　　　　仓库：　王新宇　　　　　制单：

表 4-2

中国工商银行转账支票存根（浙）

支票号码：　X Ⅵ19561111015

附加信息　＿＿＿＿＿＿＿＿＿＿＿＿
　　　　　＿＿＿＿＿＿＿＿＿＿＿＿
　　　　　＿＿＿＿＿＿＿＿＿＿＿＿

出票日期 2017年01月03日

收款人：光大证券营业部
金　额：￥200000.00
用　途：存出投资款

单位主管 李毅　会计 罗玲

表 4-3

中国工商银行　进账单（收账通知）

2017 年 01 月 03 日　　　　第　号

付款人	全称	宁波城市学院	收款人	全称	宁波湘甬商贸有限公司
	账号	1102205698473		账号	11022319881210
	开户银行	建行秋实路分理处		开户银行	工行中山分理处

人民币（大写）	陆万伍仟伍佰贰拾元整	千 百 十 万 千 百 十 元 角 分
		¥ 6 5 5 2 0 0 0

票据种类		
		收款人开户行盖章

注：
1. 解入票据须俟收妥后方可用款
2. 本联于款项收妥后代收账通知

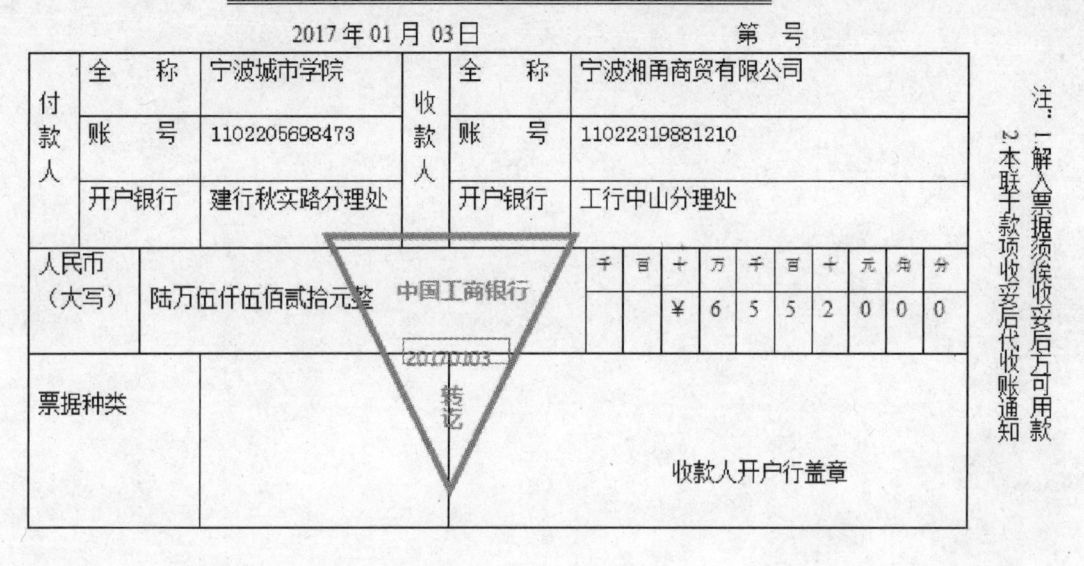

表 4-4

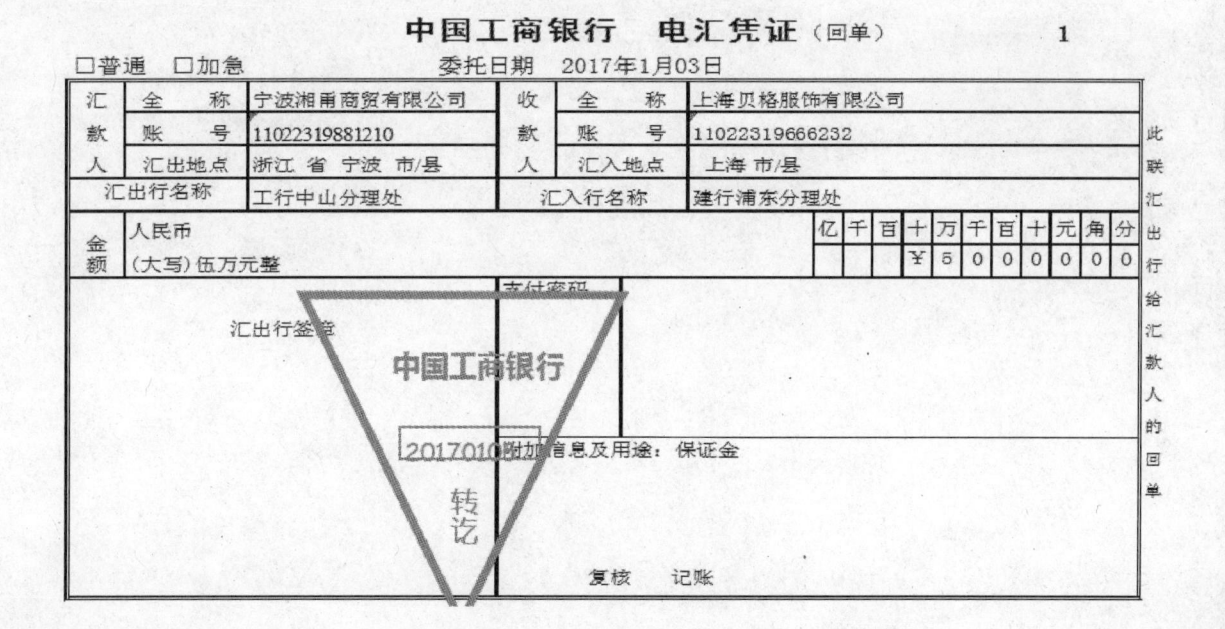

中国工商银行　电汇凭证（回单）　　1

□普通　□加急　　委托日期　2017年1月03日

汇款人	全称	宁波湘甬商贸有限公司	收款人	全称	上海贝格服饰有限公司
	账号	11022319881210		账号	11022319666232
	汇出地点	浙江省 宁波 市/县		汇入地点	上海 市/县
	汇出行名称	工行中山分理处		汇入行名称	建行浦东分理处

金额	人民币（大写）伍万元整	亿 千 百 十 万 千 百 十 元 角 分
		¥ 5 0 0 0 0 0 0

汇出行签章　　　支付密码

附加信息及用途：保证金

复核　记账

此联汇出行给汇款人的回单

表 4-5

出 差 旅 费 报 销 单

2017 年 01 月 03 日 _____款_____项

出差人员	周波		工作部门			采购部		
出差起讫日期及地点：自1月2日至1月3日止计　　天自 **宁波** 地区至 **上海** 地区来回									
报销项目	车船费	其他车船费	宿费	途中补助	住勤费	行李费		合 计
单据张数	2	2	1					
报销金额	200.00	30.0	300.00	100.00				
人民币（大写）								￥630.00
原借款￥1000.00				除报销款项金额外应收回（补付）￥370.00				
领导审查意见								

（现金付讫）

负责人　　　　审核　　　会计　　　　　出纳　　　　　报账人：**周波**

注：车船票、收据（略），均为普通发票。

表 4-6

光大证券中山营业部

清单交割单（买入）

股东代码：A660561125	股东名称：宁波湘甬商贸有限公司
发生日期：2017.1.4	股票名称：A8006
合同序号：002566	成交价格：3.6
成交数量：50000 股	成交金额：180000.00
手续费：600.00	股息：
过户费：	印花税：600.00
	应收、付金额：181200.00
上次余额：0	本次余额：181200.00

表 4-7

中国工商银行转账支票存根（浙）

支票号码： X VI19561111016

附加信息

出票日期 2017年01月04日

收款人：	宁波丽莹服饰有限公司
金　额：	￥10000.00
用　途：	保证金

单位主管 李毅　　会计 罗玲

表 4-8-1

3302168866	宁波增值税普通发票	NO 02391478
机器编号：	记 账 联	开票日期：2017年01月04日

购买方	名　称：宁波恒翼钢铁有限公司 纳税人识别号：1102234687289 地　址、电话：宁波黄河路120号 85678787 开户行及账号：建行黄河分理处 11022356825	密码区	略

货物或应税劳务、服务名称	规格型号	单位	数量	单价	金额	税率	税额
男式休闲服			300	300	90000	17%	15300
女式休闲服			300	300	90000	17%	15300
女式运动服			200	400	80000	17%	13600
男式运动服			250	400	100000	17%	17000
合计					￥360000		￥61200

价税合计（大写）	肆拾贰万壹仟贰佰元整	（小写）￥421200.00

销售方	名　称：宁波湘甬商贸有限公司 纳税人识别号：1102231976318 地　址、电话：宁波中山大厦16号 61251220 开户行及账号：工行中山分理处 11022319881210	校验码	（宁波湘甬商贸有限公司 发票专用章）

收款人：王晶晶　　复核：李玥　　开票人：沈阳　　销售方：（章）

第一联：记账联 销售方记账凭证

表 4-8-2

产 品 出 库 单 （汇总）

第 号

2017 年 01 月 04 日

名称	单位	数量	单价	金额 百十万千百十元角分	备注
男式休闲服	件	300	300	9 0 0 0 0 0 0	
女式休闲服	件	300	300	9 0 0 0 0 0 0	
男式运动服	件	250	400	1 0 0 0 0 0 0 0	
女式运动服	件	200	400	8 0 0 0 0 0 0	
合　　计				¥ 3 6 0 0 0 0 0 0	

主管　　会计　　　质检员　　保管员 王新宇　　　经手人

表 4-8-3

银 行 承 兑 汇 票　　IXV 1382942

出票日期(大写) 贰零壹柒 年 零壹 月 零肆 日　　　　　第 号

出票人全称	宁波恒翼钢铁有限公司	收款人	全称	宁波湘甬商贸有限公司	此联收款人开户行回承兑行收取票款时作联行往账付出传票
出票人账号	1102235685265		账号	11022319881210	
付款行全称	建行黄河路分理处　行号		开户行	工行中山分理处　行号	
汇票金额	人民币（大写）肆拾贰万壹仟贰佰元整			千百十万千百十元角分 ¥ 4 2 1 2 0 0 0 0	
汇票到期日	3个月到期		承兑协议编号	#1325680	
本汇票送请你行承兑，并确认《银行结算办法》和承兑协议的各项规定。此致承兑银行 承兑申请人盖章： 2017年01月04日		本汇票经本行承兑，到期日由本行付交。 承兑行签章： 承兑日期 年 月 日	科目（借）_____ 对方科目（贷）_____ 转账日期　年　月　日 复核　　记账		

表 4-9-1

```
┌─────────────────────────────────────┐
│   中国工商银行转账支票存根（浙）      │
│   支票号码： X VI19561111017         │
│   附加信息                            │
│   _____       │
│   _____       │
│   _____       │
│                                      │
│   出票日期 2017年01月05日            │
│                                      │
│  ┌────────────────────────────┐    │
│  │ 收款人：上海红豆服饰有限公司  │    │
│  │ 金  额：￥35100.00          │    │
│  │ 用  途：货款                │    │
│  └────────────────────────────┘    │
│                                      │
│   单位主管 李毅   会计 罗玲          │
└─────────────────────────────────────┘
```

表 4-9-2

13302168866	宁波增值税专用发票					NO 05580402	
机器编号：	抵扣联					开票日期：2017年01月05日	
购买方	名　称：宁波湘甬商贸有限公司 纳税人识别号：1102231976318 地址、电话：宁波中山大厦 16 号 61251220 开户行及账号：工行中山分理处 11022319881210					密码区	略
货物或应税劳务、服务名称	规格型号	单位	数量	单价	金额	税率	税额
男式运动服	221	件	800	300	240000	17%	40800
女式运动服	222	件	500	300	150000	17%	25500
合计					￥390000		￥66300
价税合计（大写）	肆拾伍万陆仟叁佰元整			（小写）￥456300.00			
销售方	名　称：上海红豆服饰有限公司 纳税人识别号：2202319563321 地址、电话：上海浦东万宁路 10 号 85656666 开户行及账号：建行浦东万宁分理处 1102231456232					校验码 备注	
收款人：李丽	复核：王平		开票人：李丽		销售方：（章）		

税总函 (2015) 362号 上海东港安全印制有限公司

第二联：抵扣联 购买方抵扣凭证

表 4-9-3

宁波增值税专用发票

13302153320　　　　　　　　　　　　　　　　　　　　NO 05580402

发票联

机器编号：　　　　　　　　　　　　　　　开票日期：2017 年 01 月 05 日

购买方	名　　称：宁波湘甬商贸有限公司 纳税人识别号：1102231976318 地址、电话：宁波中山大厦 16 号 61251220 开户行及账号：工行中山分理处 11022319881210	密码区	略

货物或应税劳务、服务名称	规格型号	单位	数量	单价	金额	税率	税额
男式运动服	221	件	800	300	240000	17%	40800
女式运动服	222	件	500	300	150000	17%	25500
合计					¥390000		¥66300

价税合计（大写）　肆拾伍万陆仟叁佰元整　　　　（小写）¥456300.00

销售方	名　　称：上海红豆服饰有限公司 纳税人识别号：2202231956321 地址、电话：上海浦东万宁路 10 号 85656666 开户行及账号：建行浦东万宁分理处 11022331456232	备注	校验码

收款人：李丽　　　复核：王平　　　开票人：李丽　　　销售方：（章）

表 4-10-1

宁波增值税专用发票

13302168866　　　　　　　　　　　　　　　　　　　　NO 05560403

发票联

机器编号：　　　　　　　　　　　　　　　开票日期：2017 年 01 月 08 日

购买方	名　　称：宁波湘甬商贸有限公司 纳税人识别号：1102231976318 地址、电话：宁波中山大厦 16 号 61251220 开户行及账号：工行中山分理处 11022319881210	密码区	略

货物或应税劳务、服务名称	规格型号	单位	数量	单价	金额	税率	税额
男式运动服	221	件	1000	300	300000	17%	51000
女式运动服	222	件	1000	300	300000	17%	51000
合计					¥600000		¥102000

价税合计（大写）　柒拾万零贰仟元整　　　　（小写）¥702000.00

销售方	名　　称：上海红豆服饰有限公司 纳税人识别号：2202231956321 地址、电话：上海浦东万宁路 10 号 85656666 开户行及账号：建行浦东万宁分理处 11022331456232	备注	校验码

收款人：李丽　　　复核：王平　　　开票人：李丽　　　销售方：（章）

表 4-10-2

宁波增值税专用发票

13302168866　　　　　　　　　　　　　　　　　NO 05560403

抵扣联

机器编号：　　　　　　　　　　　　　　　　开票日期：2017年01月08日

购买方	名　称：宁波湘雨商贸有限公司 纳税人识别号：1102231976318 地址、电话：宁波中山大厦16号 61251220 开户行及账号：工行中山分理处 11022319881210	密码区	略

货物或应税劳务、服务名称	规格型号	单位	数量	单价	金额	税率	税额
男式运动服	221	件	1000	300	300000	17%	51000
女式运动服	222	件	1000	300	300000	17%	51000
合计					¥600000		¥102000

价税合计（大写）	柒拾万零贰仟元整	（小写）¥702000.00

销售方	名　称：上海红豆服饰有限公司 纳税人识别号：2202231956321 地址、电话：上海浦东万宁路100号 85656666 开户行及账号：建行浦东万宁分理处 1102231456232	备注	校验码 （销售方：章）

收款人：李丽　　　　复核：王平　　　　开票人：李丽

第三联：抵扣联　购买方抵扣凭证

表 4-10-3

入 库 单

供货单位：上海红豆服饰有限公司　　　　　　　NO. 5256350

发票号码：05581536　　2017年01月08日　　收货仓库：　1

商品名称及规格	单位	数量 应收	数量 实收	实际成本 单价	实际成本 金额
男式运动服	件	1000	1000	300	300000
女式运动服	件	1000	1000	300	300000
合　计		2000	2000		600000

质量检验：黎民　　　　仓库：王新宇　　　　制单：王新宇

表 4-11

中国工商银行　进账单（收账通知）

2017 年 01 月 08 日　　　　第　号

付款人	全称	宁波华美服饰有限公司	收款人	全称	宁波湘甬商贸有限公司	注：1.解入票据须后收妥后万可用款 2.本联十款项收妥后代收账通知
	账号	1102205546282		账号	11022319881210	
	开户银行	建行泰山路分理处		开户银行	工行中山分理处	
人民币（大写）	叁万元整				￥30000.00	
票据种类					收款人开户行盖章	

（中国工商银行 20170108 转讫）

表 4-12-1

宁波市社会保险基金
专用托收凭证（付款通知代发票）

委托日期　2017 年 01 月 08 日　　付款期限　2017 年 01 月 10 日

付款人	全称	宁波湘甬商贸有限公司	收款人	全称	宁波市社会保险管理局
	账号或地址	11022319881210		账号	6213456829012450 86294
	开户行	工行中山分理处		开户行	农业银行　行号
委托金额（大写）	壹万叁仟肆佰肆拾元整				￥13440.00

款项内容	人数	单位应缴	个人应缴
统筹养老保险金	13	9600	3840

备注：

付款人注意
1、应于见票当通知开户行社划款。
2、如需要拒付，应当规定期限内，将拒付是由书附凭务证明退交开户行社。

（中国工商银行 20170108 转讫）

单位主管　　会计　　复核　　记账　　付款人开户行盖章　　年　月　日

表 4-12-2

宁波市社会保险基金

专用托收凭证（付款通知代发票）

委托日期 2017年1月08日　　付款期限 2017年01月10日

付款人	全 称	宁波湘甬商贸有限公司	收款人	全 称	宁波市社会保险管理局
	账号或地址	11022319881210		账 号	6213456829012450 86294
	开户行	工行中山分理处		开户行	农业银行　行号

委托金额（大写）肆仟捌佰元整	￥4800.00

款项内容	人数	单位应缴	个人应缴
统筹医疗保险金	13	3840	960

备注：

付款人注意
1、应于见票当通知开户行社划款。
2、如需要拒付，应当规定期限内，将拒付是由书附债务证明退交开户行社。

单位主管　　会计　　复核　　记账　　付款人开户行盖章　　年　月　日

表 4-12-3

宁波市社会保险基金

专用托收凭证（付款通知代发票）

委托日期 2017年01月08日　　付款期限 2017年01月10日

付款人	全 称	宁波湘甬商贸有限公司	收款人	全 称	宁波市社会保险管理局
	账号或地址	11022319881210		账 号	6213456829012450 86294
	开户行	工行中山分理处		开户行	农业银行　行号

委托金额（大写）壹仟玖佰贰拾元整	￥1920.00

款项内容	人数	单位应缴	个人应缴
统筹失业保险金		960	480
统筹工伤保险金	13	240	0
统筹生育保险金		240	0

备注：

付款人注意
1、应于见票当通知开户行社划款。
2、如需要拒付，应当规定期限内，将拒付是由书附债务证明退交开户行社。

单位主管　　会计　　复核　　记账　　付款人开户行盖章　　年　月　日

表 4-13-1

银行汇票申请书 （存根） 1

申请日期 2017年 01月08日

申请人	宁波湘甬商贸有限公司	收款人	上海贝格服饰有限公司
账号或地址	工行11022319881210	账号或地址	建行11022319666232
用途	货款	代理付款行	建行浦东分理处
汇票金额	人民币 （大写）肆拾万元整		千 百 十 万 千 百 十 元 角 分 ¥ 4 0 0 0 0 0 0 0
备注		科 目 对方科目 财务主管 复核 经办	

表 4-13-2

付款期限 壹个月

中国工商银行
银行汇票(卡片) 1   汇票号码

出票日期 （大写） 年 月 日   代理付款行： 行号：

收款人： _____ 账号： _____

出票金额（大写） 人民币

实际结算金额（大写） 人民币   千 百 十 万 千 百 十 元 角 分

申请人： _____ 账号： _____
出票行： _____ 行号： _____
备 注： _____

复核   经办   复核 · 记账

此联出票行结清汇款时作汇出汇款借方凭证

表 4-13-3

付款期限 壹个月	中国工商银行 银 行 汇 票	地 名	BA 01 00000000

出票日期　　　年　　月　　日　　代理付款行：　　　　　行号：
（大写）

收款人：　　　　　　　　　　账号：

人民币
出票金额（大写）

人民币　　　　　　　　　　　　　千百十万千百十元角分
实际结算金额（大写）

申请人：　　　　　　　　　　账号：
出票行：　　　　　　　行号：
　　　　　　　　　　　　密押：
备　注：
凭票付款　　　　　　　　　　多余金额
出票行签章　　　　　千百十万千百十元角分
　　　　　　　　　　　　　　　　　复核　　　　记账

凭代理付款行付款后作凭证注账借方凭正付半

表 4-14-1

3302168866	宁波增值税专用发票	NO 62584404

机器编号：　　　　　发 票 联　　　开票日期：2017年01月08日

购买方	名　称：宁波湘雨商贸有限公司 纳税人识别号：1102231976318 地　址、电　话：宁波中山大厦16号 61251220 开户行及账号：工行中山分理处 11022319881210	密码区	略

货物或应税劳务、服务名称	规格型号	单位	数量	单价	金额	税率	税额
电话费					2358.49	6%	141.51

价税合计（大写）	贰仟伍佰元整	（小写）¥2500.00

销售方	名　称：中国电信股份有限公司宁波分公司 纳税人识别号：630223225599 地　址、电　话：宁波电信大厦1楼 87669898 开户行及账号：建行柳汀分理处 11022352556262	备注	校验码

收款人：刘玲　　复核：李丽丽　　开票人：刘玲

表 4-14-2

3302168866	宁波增值税专用发票		NO 62584404
机器编号：	抵扣联		开票日期：2017年01月08日

购买方	名　　称：宁波湘甬商贸有限公司 纳税人识别号：1102231976318 地　址、电　话：宁波中山大厦16号 61251220 开户行及账号：工行中山分理处 11022319881210	密码区	略

货物或应税劳务、服务名称	规格型号	单位	数量	单价	金额	税率	税额
电话费					2358.49	6%	141.51

价税合计（大写）	贰仟伍佰元整	（小写）¥2500.00

销售方	名　　称：中国电信股份有限公司宁波分公司 纳税人识别号：630223225599 地　址、电　话：宁波电信大厦1楼 87669898 开户行及账号：建行柳汀分理处 11022352556262	备注	（发票专用章）

收款人：刘玲　　复核：李丽丽　　开票人：刘玲　　销售方：（章）

表 4-14-3

电话费使用分配表

年　月　日

使用部门	比例（%）	应分配金额	使用部门	比例（%）	应分配金额
行政部	40		销售部	15	
财务部	20		采购部	15	
			配送部	10	
小计			小计		
合计	人民币大写			¥	

表 4-14-4

```
中国工商银行转账支票存根（浙）
支票号码： X VI19561111018
附加信息



出票日期 2017年01月08日


收款人：宁波电信股份有限公司
金　额：￥2500.00
用　途：电话费

单位主管 李毅　会计 罗玲
```

表 4-15-1

产品出库单

第　号

2017 年 01月 10日

名称	单位	数量	单价	金额（百十万千百十元角分）	备注
男式运动服	件	200	400	8 0 0 0 0 0 0	
女式运动服	件	200	400	8 0 0 0 0 0 0	
合计				￥1 6 0 0 0 0 0 0	

主管　　会计　　　质检员　　保管员 王新宇　　经手人

表 4-15-2

宁波增值税专用发票

No 45285405

机器编号: 33021 68866

开票日期: 2017年01月10日

购买方	名　称: 宁波市伊美服饰有限公司 纳税人识别号: 110223789 5422 地址、电话: 宁波长江路160号 85889922 开户行及账号: 工行百文路分理处 110223 2357815

货物或应税劳务、服务名称	规格型号	单位	数量	单价	金额	税率	税额
男式运动服		件	200	400	80000	17%	13600
女式运动服		件	200	400	80000	17%	13600
合　计					￥160000		￥27200

价税合计 (大写)　（小写）￥187200.00

销售方	名　称: 宁波浦潇商贸有限公司 纳税人识别号: 110223197 6318 地址、电话: 宁波中山大厦16号 61251220 开户行及账号: 工行中山分理处 110223 19881210

备注

收款人: 王丽丽　复核: 李丽　开票人: 沈阳

表 4-16-1

中国工商银行电子缴税付款凭证

纳税人全称及纳税人识别号：1102231976318

付款人全称：宁波湘甬商贸有限公司

付款人账号：11022319881210　　　　　征收机关名称：　市　区地方税务局

付款人开户银行：工商银行　　支行　收款国库(银行)名称：　　区支库

小写(合计)金额：￥145.00　　　　　　缴款书交易流水号：0123456789

大写(合计)金额：人民币壹佰肆拾伍元整　　税票号码：0123456789

税(费)种名称　　　　　所属时期　　　　实缴金额

个人所得税　　　　　　201612　　　　￥145.00

第　次打印　　　　　　　　打印时间：2017.01.10

表 4-16-2

中国工商银行电子缴税付款凭证

纳税人全称及纳税人识别号：1102231976318

付款人全称：宁波湘甬商贸有限公司

付款人账号：11022319881210　　　　　征收机关名称：　市　区地方税务局

付款人开户银行：工商银行　　支行　收款国库(银行)名称：　　区支库

小写(合计)金额：￥6391.14　　　　　　缴款书交易流水号：0123456789

大写(合计)金额：人民币陆仟叁佰玖拾壹元壹角肆分　税票号码：0123456789

税(费)种名称　　　　　所属时期　　　　实缴金额

企业所得税　　　　　201601-201612　　￥6391.14

第　次打印　　　　　　　　打印时间：2017.01.10

表 4-16-3

中华人民共和国所得税缴款书

（2006）浙地缴

隶属关系：
注册类型：　　　　　2017 年 01 月 10 日　　No

缴款单位（人）	代　码	1102231976318	预算科目	编码	
	全　称	宁波湘甬商贸有限公司		名称	
	开户银行	工行中山分理处		级次	
	账　号	11022319881210		收款国库	

税款所属时期 2016 年 10～12 月　　日	税款限缴日期 2017 年 01 月 10 日

品目名称	课税数量	计税金额或销售收入	税率或单位税额	已缴或扣除额	实缴金额
生产经营所得		31955.68	20%		6391.14

金额合计（大写）人民币陆仟叁佰玖拾壹元壹角肆分

缴款单位（人）（盖章）经办人（章）		上列款项已收妥并划转收款单位账户 国库（银行）盖章　　年　月　日	备注：

逾期不缴按税法规定加收滞纳金

表 4-16-4

中华人民共和国个人所得税缴款书

（2006）浙地缴

隶属关系：
注册类型：　　　　　2017 年 01 月 10 日　　No

缴款单位（人）	代　码	1102231976318	预算科目	编码	
	全　称	宁波湘甬商贸有限公司		名称	
	开户银行	工行中山分理处		级次	
	账　号	11022319881210		收款国库	

税款所属时期 2016 年 12 月　　日	税款限缴日期 2017 年 01 月 10 日

品目名称	课税数量	计税金额或销售收入	税率或单位税额	已缴或扣除额	实缴金额
工资薪金所得					145.00

金额合计（大写）人民币壹佰肆拾伍元整

缴款单位（人）（盖章）经办人（章）		上列款项已收妥并划转收款单位账户 国库（银行）盖章　　年　月　日	备注：

逾期不缴按税法规定加收滞纳金

表 4-17-1

| 付款期限 壹个月 | 中国工商银行 银行汇票(解讫通知) 3 | 汇票号码 |

出票日期　　年　　月　　日（大写）
代理付款行：　　　　行号：
收款人：　　　　账号：
人民币
出票金额（大写）
人民币
实际结算金额（大写）
申请人：
出票行：　　　行号：
备注：
代理付款行签章
复核　　　经办

中国工商银行
中山分理处
20170110
转讫

多余金额　千百十万千百十元角分
复核　　记账

此联代理付款行作多余款贷方凭证由出票行总付讫后随报单寄出票行

表 4-17-2

| 付款期限 壹个月 | 中国工商银行 银行汇票(多余款收账通知) 4 | 汇票号码 |

出票日期　　年　　月　　日（大写）
代理付款行：　　　　行号：
收款人：　　　　账号：
人民币
出票金额（大写）
人民币
实际结算金额（大写）
申请人：
出票行：　　　行号：
备注：
出票行签章
　　　　年　月　日

中国工商银行
中山分理处
20170110
转讫

账号：
密押：
左列退回多余金额已收入你账户内
多余金额　千百十万千百十元角分

此联出票行结清多余款后交申请人

表4-17-3

宁波增值税专用发票

机器编号：13302153320　　NO 15584406

开票日期：2017年01月10日

购买方	名　称：宁波潮甫商贸有限公司 纳税人识别号：11022319763118 地　址、电　话：宁波中山大厦16号 61251220 开户行及账号：工行中山办理处 11022319881210

货物或应税劳务、服务名称	规格型号	单位	数量	单价	金额	税率	税额
男式休闲服	525	件	750	200	150000	17%	25500
女式休闲服	626	件	750	200	150000	17%	25500
合计					¥300000		¥51000

价税合计（大写）：叁拾伍万壹仟元整　　（小写）¥351000.00

销售方	名　称：上海贝铭服饰有限公司 纳税人识别号：22022318965556 地　址、电　话：上海东方大厦10楼 27658825 开户行及账号：建行浦东办理处 11022319666232	备注

收款人：李娟　　复核：王平　　开票人：李娟　　销售方：（章）

发票联

第二联 发票联 购买方记账凭证

表 4-17-4

宁波增值税专用发票 NO15584406

13302168866

抵 扣 联

机器编号： 开票日期：2017年01月10日

购买方	名　称：宁波湘雨商贸有限公司 纳税人识别号：1102231976318 地址、电话：宁波中山大厦16号 61251220 开户行及账号：工行中山分理处 11022319881210	密码区	略

货物或应税劳务、服务名称	规格型号	单位	数量	单价	金额	税率	税额
男式休闲服	525	件	750	200	150000	17%	25500
女式休闲服	626	件	750	200	150000	17%	25500
合计					¥300000		¥51000

价税合计（大写）： 叁拾伍万壹仟元整　　（小写）¥351000.00

销售方	名　称：上海贝格服饰有限公司 纳税人识别号：2202231896556 地址、电话：上海东方大厦10楼 27658825 开户行及账号：建行浦东分理处 11022319666232	备注	校验码 （发票专用章）

收款人：李娟　　复核：王平　　开票人：李娟　　销售方：（章）

表 4-17-5

入 库 单

供货单位：上海贝格服饰有限公司　　　　　　　　NO. 5256010
发票号码：05581322　　2017年01月10日　　收货仓库：　1

商品名称及规格	单位	数量		实际成本	
		应收	实收	单价	金额
男式休闲服	件	750	750	200	150000
女式休闲服	件	750	750	200	150000
合 计		1500	1500		300000

质量检验：黎民　　　　　　仓库：王新宇　　　　　　制单：王新宇

表 4-18-1

```
中国工商银行转账支票存根（浙）
支票号码：  X VI19561111019
附加信息 _____
         _____
         _____
         _____

出票日期 2017年01月10日

┌─────────────────────────────┐
│ 收款人：浙江亿鑫置业有限公司 │
│ 金  额：￥25000.00           │
│ 用  途：押金、租金           │
└─────────────────────────────┘

单位主管 李毅  会计 罗玲
```

表 4-18-2

浙江省企业单位统一收据   03-3856814

收 据 联
2017年1月10日

交款单位：宁波湘甬商贸有限公司

人民币(大写) 贰万元整   ￥20000.00

系 付 房屋押金

现金	
支票	√
付委	

（浙江亿鑫置业有限公司 财务专用章）

收款单位(盖章有效)   财务 姚军   经手人 张怡

表 4-18-3

3302153320	宁波增值税专用发票 发票联	NO 32145525 开票日期：2017年01月10日
购买方	名称：宁波湘甫商贸有限公司 纳税人识别号：1102231976318 地址、电话：宁波中山大厦16号 61251220 开户行及账号：工行中山分理处 11022319881210	密码区：略
货物或应税劳务、服务名称	规格型号	单位 月	数量 0.5	单价	金额 4504.50	税率 11%	税额 495.50
房租							
价税合计（大写）	伍仟元整	（小写）¥5000.00
销售方	名称：浙江亿鑫置业有限公司 纳税人识别号：2202236854738 地址、电话：宁波亿鑫大厦1楼 89651288 开户行及账号：建行中山分理处 11022319555868	备注：（浙江亿鑫置业有限公司 发票专用章）
收款人：姚军	复核：王萍	开票人：姚军	销售方：（章）

表 4-18-4

3302153320	宁波增值税专用发票 抵扣联	NO 32145525 开票日期：2017年01月10日
购买方	名称：宁波湘甫商贸有限公司 纳税人识别号：1102231976318 地址、电话：宁波中山大厦16号 61251220 开户行及账号：工行中山分理处 11022319881210	密码区：略
货物或应税劳务、服务名称	规格型号	单位 月	数量 0.5	单价	金额 4504.50	税率 11%	税额 495.50
房租							
价税合计（大写）	伍仟元整	（小写）¥5000.00
销售方	名称：浙江亿鑫置业有限公司 纳税人识别号：2202236854738 地址、电话：宁波亿鑫大厦1楼 89651288 开户行及账号：建行中山分理处 11022319555868	备注：（浙江亿鑫置业有限公司 发票专用章）
收款人：姚军	复核：王萍	开票人：姚军	销售方：（章）

表 4-19

（流动资金贷款）借款凭证（回单）③

放款人	名　称	中国工商银行宁波支行	收款人	名　称	宁波湘甬商贸有限公司
	放款户账号	100-102226		往来户账号	11022319881210
	开户银行	中国中央银行		开户银行	中国工商银行宁波中山分理处
借款期限（最后还款日）	2018 年 01 月 09 日		借款计划指标		500,000
借款申请金额	人民币（大写） 伍拾万元整			万 千 百 十 元 角 分	
借款原因及用途	经营周转资金		银行核定金额：	万 千 百 十 元 角 分	

期限	计划还款日期	计划还款金额	分次还款记录	还款日期	还款金额
1	2018年01月09日	500,000		中国工商银行中山分理处 收讫	
2					
3					
4					
5					

备注：上述借款业务已同意贷给并转入你单位往来户账，借款到期时应按期归还。此致

借款单位：中国工商银行朝阳支行
（银行盖章）　年　月　日

表 4-20-1

委托代销协议

　　经协商，湘甬商贸公司委托丽园服饰公司代销男、女休闲服，单位销售价格300元（不含税），湘甬公司按商品销售额（不含增值税销项税额）的10%向丽园服饰公司支付手续费。货款每月月末进行结算。

委托单位：宁波湘甬商贸公司

受托单位：宁波丽园服饰有限公司

2017年01月10日

表 4-20-2

委托代销商品出库单

代销单位：宁波丽园服饰有限公司　　　　　NO. 6356601
　　　　　2017年01月10日　　　　　　　　仓库：_____

商品名称及规格	单位	代销数量	实际成本 单价	实际成本 金额
男式休闲服	件	300	200	60000
女式休闲服	件	300	200	60000
合　计			400	120000

质量检验：黎民　　　　　仓库：王新宇　　　　　制单：王新宇

表 4-21-1

宁波增值税专用发票

3302168866　　　　　　　　　　　　　　　NO 12391407

机器编号：　　　　　　记 账 联　　　　开票日期：2017年01月11日

购买方	名　　称：宁波市伊美服饰有限公司 纳税人识别号：1102237895422 地　址、电　话：宁波长江路160号 85889922 开户行及账号：工行百丈路分理处 11022323567815	密码区	略

货物或应税劳务、服务名称	规格型号	单位	数量	单价	金额	税率	税额
男式运动服		件	-5	400	-2000	17%	-340
合计					￥-2000		￥-340

价税合计（大写）　贰仟叁佰肆拾元整　　　　　　（小写）￥-2340.00

销售方	名　　称：宁波湘甬商贸有限公司 纳税人识别号：1102231976318 地　址、电　话：宁波中山大厦16号 61251220 开户行及账号：工行中山分理处 11022319881210	校验码	（宁波湘甬商贸有限公司 发票专用章）

收款人：王晶晶　　　复核：李丽　　　开票人：王晶晶　　　销售方：（章）

第一联：记账联 销售方记账凭证

表 4-21-2

退 货 单

退货单位：宁波市伊美服饰有限公司　　　　　　　　　NO. 5256612
发票号码：2391522　　　2017年01月11日　　　收货仓库：_____

商品名称及规格	单位	数量		实际成本	
		应收	实收	单价	金额
男式运动服	件	5	5	400	2000
合　计		5	5	400	2000

质量检验：　　　　　　仓库：王新宇　　　　　　制单：王新宇

表 4-22

中国工商银行转账支票存根（浙）

支票号码： X VI19561111018

附加信息

出票日期 2017年01月11日

收款人：宁波安居装饰有限公司
金　　额：￥50000.00
用　　途：装修预付款

单位主管 李毅　会计 罗玲

表 4-23-1

产品出库单

第 15 号

2017年01月 12日

名称	单位	数量	单价	金额（百十万千百十元角分）	备注
男式休闲服	件	200	250	5 0 0 0 0 0 0	
女式休闲服	件	200	250	5 0 0 0 0 0 0	
男式运动服	件	200	350	7 0 0 0 0 0 0	
女式运动服	件	200	350	7 0 0 0 0 0 0	
合计				￥2 4 0 0 0 0 0 0	

主管　　会计　　质检员　　保管员 王新宇　　经手人

表 4-23-2

宁波增值税专用发票

NO 15231408

机器编号：3302168866

开票日期：2017年01月12日

购买方	名称：宁波华美服饰有限公司
	纳税人识别号：11022376357188
	地址、电话：宁波泰山路16号 85665158
	开户行及账号：建行泰山路分理处 1102205556282

货物或应税劳务、服务名称	规格型号	单位	数量	单价	金额	税率	税额
男式休闲服		件	200	250	50000	17%	8500
女式休闲服		件	200	250	50000	17%	8500
男式运动服		件	200	350	70000	17%	11900
女式运动服		件	200	350	70000	17%	11900
合计					￥240000		￥40800

价税合计（大写）：貳拾捌万零捌佰元整　　（小写）￥280800.00

销售方	名称：宁波湘甬商贸有限公司
	纳税人识别号：11022319761318
	地址、电话：宁波中山大厦16号 61251220
	开户行及账号：工行中山分理处 1102231981210

备注：略

收款人：王晶晶　　复核：沈阳　　开票人：王晶晶　　销售方：（章）

表 4-24-1

中国工商银行 现金缴款单 （回 单）   1

2017年1月15日

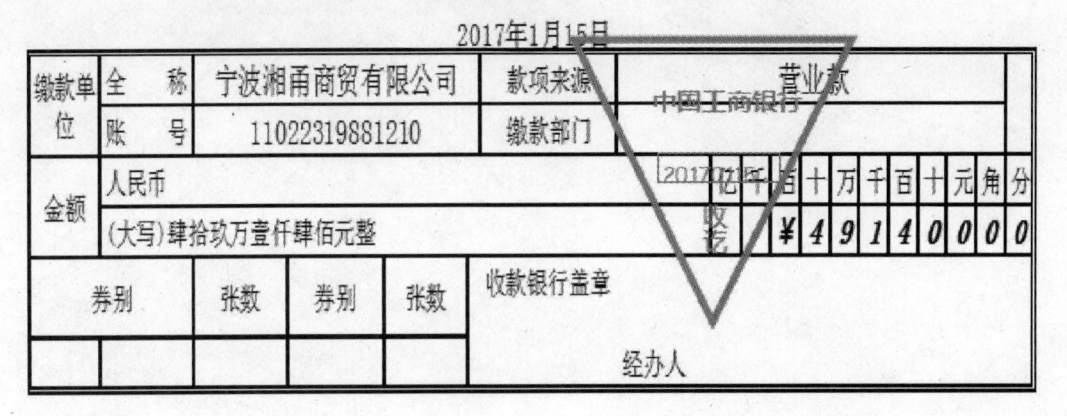

缴款单位	全 称	宁波湘甬商贸有限公司	款项来源	营业款
	账 号	11022319881210	缴款部门	

金额	人民币						百	十	万	千	百	十	元	角	分
	（大写）肆拾玖万壹仟肆佰元整					¥	4	9	1	4	0	0	0	0

券别	张数	券别	张数	收款银行盖章
				经办人

表 4-24-2

宁波增值税普通发票 记账联

3302168866   NO 10000409

机器编号：   开票日期：2017年01月15日

购买方	名 称：个人	密码区	略
	纳税人识别号：		
	地 址、电 话：		
	开户行及账号：		

货物或应税劳务、服务名称	规格型号	单位	数量	单价	金额	税率	税额
男式休闲服		件	500	300	150000	17%	25500
女式休闲服		件	500	300	150000	17%	25500
男式运动服		件	300	400	120000	17%	20400
合计					¥ 420000		¥ 71400

价税合计（大写）	肆拾玖万壹仟肆佰元整	（小写）¥ 491400.00

销售方	名 称：宁波湘甬商贸有限公司	校验码	
	纳税人识别号：1102231976318		
	地 址、电 话：宁波中山大厦16号 61251220	备注	
	开户行及账号：工行中山分理处 11022319881210		

收款人：王晶晶   复核：沈阳   开票人：王晶晶   销售方：（章）

第一联：记账联 销售方记账凭证

表 4-24-3

产　品　出　库　单　（汇总）

第　号

2017 年 01 月 15 日

名　称	单位	数量	单　价	金　额（百 十 万 千 百 十 元 角 分）	备注
男式休闲服	件	500	300	1 5 0 0 0 0 0	
女式休闲服	件	500	300	1 5 0 0 0 0 0	
男式运动服	件	300	400	1 2 0 0 0 0 0	
合　　计				¥ 4 2 0 0 0 0 0	

主管　　　　会计　　　　质检员　　　　保管员 王新宇　　　　经手人

表 4-25-1

租金使用分配表

年　月　日

使用部门	比例(%)	应分配金额	使用部门	比例(%)	应分配金额
行政部	40		销售部	15	
财务部	20		采购部	15	
			配送部	10	
小计			小计		
合计	人民币大写			¥	

表 4-25-2

中国工商银行转账支票存根（浙）

支票号码： X VI19561111019

附加信息

出票日期 2017年01月15日

收款人：	浙江亿鑫置业有限公司
金　额：	￥20000.00
用　途：	租金

单位主管 李毅　　会计 罗玲

表 4-25-3

宁波增值税专用发票　发票联

3302153320　　　　　　　　　　NO 32145457

机器编号：　　　　　　　　　　开票日期：2017年01月15日

税总函（2015）362号上海永坚安全印制有限公司

购买方	名　称：宁波湘甬商贸有限公司 纳税人识别号：1102231976318 地址、电话：宁波中山大厦16号 61251220 开户行及账号：工行中山分理处 11022319881210	密码区	略

货物或应税劳务、服务名称	规格型号	单位	数量	单价	金额	税率	税额
房租		月	1		18018.02	11%	1981.98

价税合计（大写）	贰万元整	（小写）￥20000.00

销售方	名　称：浙江亿鑫置业有限公司 纳税人识别号：2202236854738 地址、电话：宁波亿鑫大厦1楼 89651288 开户行及账号：建行中山分理处 11022319555868	备注	校验码

收款人：姚军　　复核：王萍　　开票人：姚军　　销售方：（章）

第二联：发票联 购买方记账核算凭证

表 4-25-4

3302153320	宁波增值税专用发票		NO 32145457	
机器编号：	抵 扣 联		开票日期：2017年01月15日	
购买方	名　　　称：宁波湘甬商贸有限公司 纳税人识别号：1102231976318 地 址、电 话：宁波中山大厦16号 61251220 开户行及账号：工行中山分理处 11022319881210	密码区	略	第二联：抵扣联 购买方抵扣凭证
货物或应税劳务、服务名称	规格型号	单位	数量	单价	金额	税率	税额
房租		月	1		18018.02	11%	1981.98
价税合计（大写）	贰万元整				（小写）¥20000.00		
销售方	名　　　称：浙江亿鑫置业有限公司 纳税人识别号：2202236854738 地 址、电 话：宁波亿鑫大厦1楼 89651288 开户行及账号：建行中山分理处 11022319555868	备注	校验码	
收款人：姚军	复核：王萍	开票人：姚军	销售方：（章）	

表 4-26-1

物业费使用分配表

使用部门	比例（%）	应分配金额	使用部门	比例（%）	应分配金额
行政部	40		销售部	15	
财务部	20		采购部	15	
			配送部	10	
小计			小计		
合计	人民币大写			¥	

表 4-26-2

水电费使用分配表

使用部门	比例%	应分配金额	使用部门	比例%	应分配金额
行政部	40		销售部	15	
财务部	20		采购部	15	
			配送部	10	
小计			小计		
合计	人民币大写			¥	

表 4-26-3

宁波增值税普通发票

3302153320　　　　　　　　　　　　　　　NO 03054052

发票联　　　　开票日期：2017年01月15日

购买方：
- 名称：宁波湘甬商贸有限公司
- 纳税人识别号：1102231976318
- 地址、电话：宁波中山大厦16号 61251220
- 开户行及账号：工行中山分理处 11022319881210

密码区：略

货物或应税劳务、服务名称	规格型号	单位	数量	单价	金额	税率	税额
物业费					6603.77	6%	396.23
水费					442.48	13%	57.52
电费					1709.40	17%	290.60
合计					8755.65		744.35

价税合计（大写）：玖仟伍佰元整　　　（小写）¥ 9500.00

销售方：
- 名称：浙江亿鑫置业有限公司
- 纳税人识别号：2202236854738
- 地址、电话：宁波亿鑫大厦1楼 89651288
- 开户行及账号：建行中山分理处 11022319555868

收款人：张武　　复核：李霞　　开票人：张武　　销售方：（章）

表 4-26-4

宁波增值税专用发票

机器编号：3302153320　　　NO 03054052

开票日期：2017年01月15日

购买方	名称：宁波湘甬商贸有限公司　　纳税人识别号：110223197 6318　　地址、电话：宁波中山大厦 16号 61251220　　开户行及账号：工行中山分理处 110223198 81210

货物或应税劳务、服务名称	规格型号	单位	数量	单价	金额	税率	税额
物业费					6603.77	6%	396.23
水费					442.48	13%	57.52
电费					1709.40	17%	290.60
合计					8755.65		744.35

价税合计（大写）　玖仟伍佰元整　　（小写）¥9500.00

销售方	名称：浙江亿鑫器业有限公司　　纳税人识别号：220223685 4T38　　地址、电话：宁波亿鑫大厦 1 幢 89551288　　开户行及账号：建行中山分理处 110223195 55868

备注：（章）

收款人：张武　　复核：李霞　　开票人：李霞　　销售方：张武

表 4-26-5

中国工商银行转账支票存根（浙）

支票号码： X VI19561111020

附加信息 _____

_____

_____

出票日期 2017年01月15日

收款人：	浙江亿鑫置业有限公司
金　额：	¥ 9500.00
用　途：	物业费

单位主管 李毅　　会计 罗玲

表 4-27-1

13302168866	宁波增值税专用发票	NO 11622412
机器编号：	发票联	开票日期：2017年01月15日

购买方	名　称：宁波湘甬商贸有限公司 纳税人识别号：1102231976318 地址、电话：宁波中山大厦16号 61251220 开户行及账号：工行中山分理处 11022319881210	密码区	略

货物或应税劳务、服务名称	规格型号	单位	数量	单价	金额	税率	税额
男式运动服	221	件	-5	300	-1500	17%	-255

价税合计（大写）	（负数）壹仟柒佰伍拾伍元整	（小写）¥ -1755.00

销售方	名　称：上海红豆服饰有限公司 纳税人识别号：2202233195321 地址、电话：上海浦东万宁路10号 85656666 开户行及账号：建行浦东万宁分理处 1102231456232	备注	校验码

收款人：李玥　　复核：王萍　　开票人：李玥　　销售方：（章）

税总函（2015）362号上海东港安全印刷有限公司

第二联：发票联　购买方记账凭证

表 4-27-2

13302168866		宁波增值税专用发票				NO 11622412		
机器编号：			抵 扣 联			开票日期：2017 年 01 月 15 日		
购买方	名　　称：宁波湘甬商贸有限公司 纳税人识别号：1102231976318 地 址、电 话：宁波中山大厦 16 号 61251220 开户行及账号：工行中山分理处 11022319881210				密码区	略		
货物或应税劳务、服务名称		规格型号	单位	数量	单价	金额	税率	税额
男式运动服		221	件	-5	300	-1500	17%	-255
价税合计（大写）		（负数）壹仟柒佰伍拾伍元				（小写）¥-1755		
销售方	名　　称：上海红豆服饰有限公司 纳税人识别号：2202231956321 地 址、电 话：上海浦东万宁路 10 号 85656666 开户行及账号：建行浦东万宁分理处 1102231456232				备注	校验码		
收款人：李玥		复核：王萍		开票人：李玥		销售方：（章）		

表 4-27-3

退货单

供货单位：上海红豆服饰有限公司　　　　　　NO. 5256350
发票号码：05581622　　2017 年 01 月 15 日　　收货仓库：_____

商品名称及规格	单位	数 量		实际成本	
		应退	实退	单价	金额
男式运动服	件	5	5	300	1500
合　计		5	5	300	1500

质量检验：黎民　　　仓库：王新宇　　　制单：王新宇

表 4-28-1

工 资 结 算 表
2017年 01月 15日

姓 名	工资	奖金/提成	应付工资	扣款项目 社会保险	扣款项目 个人所得税	实发工资	签章
李毅	6000		6,000.00	660.00	79.00	5,261.00	
陈丽	5000		5,000.00	550.00	28.50	4,421.50	
吴勇	5000		5,000.00	550.00	28.50	4,421.50	
谢小芳	4000		4,000.00	440.00	1.80	3,558.20	
李娟	2500		2,500.00	275.00		2,225.00	
叶晓	4000		4,000.00	440.00	1.80	3,558.20	
王晶晶	2500		2,500.00	275.00		2,225.00	
小计	29000	0	29000	3190	139.6	25670.4	
李军	4000		4,000.00	440.00	1.80	3,558.20	
周波	2000		2,000.00	220.00		1,780.00	
周捷	3000	1000	4,000.00	440.00	1.80	3,558.20	
沈阳	2000	500	2,500.00	275.00		2,225.00	
邵俊勇	4000		4,000.00	440.00	1.80	3,558.20	
王新宇	2500		2,500.00	275.00		2,225.00	
小计	17500	1500	19000	2090	5.4	16904.6	
合计	46500	1500	48000	5280	145	42575	

会计：叶晓　　　　　出纳：王晶晶　　　　　制单：罗玲

表 4-29-1

中国工商银行转账支票存根（浙）

支票号码： X VI19561111022

附加信息

出票日期 2017年01月20日

收款人：宁波安居装饰有限公司
金　额：￥50000.00
用　途：装修

单位主管　李毅　会计　罗玲

表 4-28-2

中国工商银行转账支票存根（浙）

支票号码： X VI19561111021

附加信息

出票日期 2017年01月15日

收款人：宁波湘甬商贸有限公司
金　额：￥42475.00
用　途：工资

单位主管　李毅　会计　罗玲

表 4-29-2

3302153320	宁波增值税专用发票		NO 35842961
机器编号：	发 票 联		开票日期：2017年01月20日

购买方	名　　　称：宁波湘甬商贸有限公司 纳税人识别号：1102231976318 地　址、电　话：宁波中山大厦 16 号 61251220 开户行及账号：工行中山分理处 11022319881210	密码区	略

货物或应税劳务、服务名称	规格型号	单位	数量	单价	金额 90090.09	税率 11%	税额 9909.91
装修工程							

价税合计（大写）	壹拾万元整	（小写）¥100000.00

销售方	名　　　称：宁波安居装饰有限公司 纳税人识别号：6302238855664 地　址、电　话：宁波麒麟大厦 1 楼 87625432 开户行及账号：建行四明分理处 11022354225151	备注	校验码

收款人：刘一文　　复核：李丽芬　　开票人：刘一文　　销售方：（章）

表 4-29-3

3302153320	宁波增值税专用发票		NO 35842961
机器编号：	抵 扣 联		开票日期：2017年01月20日

购买方	名　　　称：宁波湘甬商贸有限公司 纳税人识别号：1102231976318 地　址、电　话：宁波中山大厦 16 号 61251220 开户行及账号：工行中山分理处 11022319881210	密码区	略

货物或应税劳务、服务名称	规格型号	单位	数量	单价	金额 90090.09	税率 11%	税额 9909.91
装修工程							

价税合计（大写）	壹拾万元整	（小写）¥100000.00

销售方	名　　　称：宁波安居装饰有限公司 纳税人识别号：6302238855664 地　址、电　话：宁波麒麟大厦 1 楼 87625432 开户行及账号：建行四明分理处 11022354225151	备注	校验码

收款人：刘一文　　复核：李丽芬　　开票人：刘一文　　销售方：（章）

表 4-30

宁波增值税普通发票

3302153320 NO 16812414

发票联

机器编号： 开票日期：2017年01月20日

购买方	名　称：宁波湘甬商贸有限公司 纳税人识别号：1102231976318 地址、电话：宁波中山大厦 16 号 61251220 开户行及账号：工行中山分理处 11022319881210	密码区	略

货物或应税劳务、服务名称	规格型号	单位	数量	单价	金额	税率	税额
服务费					943.4	6%	56.6
		现金付讫					

价税合计（大写）　壹仟元整　　　　　　　　　　（小写）¥1000.00

销售方	名　称：宁波诚信会计服务公司 纳税人识别号：2202231973336 地址、电话：宁波中山东路 100 号 88552233 开户行及账号：工行中山分理处 11022319887766	备注	校验码 （宁波诚信会计服务公司 发票专用章）

收款人：李玉　　复核：王玲　　开票人：李玉　　销售方：（章）

表 4-31-1

中国工商银行转账支票存根（浙）

支票号码：　X Ⅵ19561111023

附加信息

_____

_____

出票日期 2017年01月20日

收款人：宁波东方百货有限公司

金　额：¥2106.00

用　途：物品

单位主管 李毅　会计 罗玲

表 4-31-2

宁波增值税专用发票

3302153320　　　　　　　　　　　　　　　　　　　　NO 16638415

发票联　　　　　　开票日期：2017年01月20日

购买方	名称：宁波湘甬商贸有限公司 纳税人识别号：1102231976318 地址、电话：宁波中山大厦16号 61251220 开户行及账号：工行中山分理处 11022319881210	密码区	略

货物或应税劳务、服务名称	规格型号	单位	数量	单价	金额	税率	税额
陈列柜		个	5	200	1000	17%	170
挂衣架		个	100	2	200	17%	34
储物箱		个	20	30	600	17%	102
合计					¥1800		¥306

价税合计（大写）　贰仟壹佰零陆元整　　（小写）¥2106.00

销售方	名称：宁波东方百货有限公司 纳税人识别号：2202239855446 地址、电话：宁波东方大厦 27686666 开户行及账号：建行中山分理处 11022316888512	备注	校验码

收款人：李明　　复核：王军　　开票人：李明　　销售方：（章）

表 4-31-3

宁波增值税专用发票

3302153320　　　　　　　　　　　　　　　　　　　　NO 16638415

抵扣联　　　　　　开票日期：2017年01月20日

购买方	名称：宁波湘甬商贸有限公司 纳税人识别号：1102231976318 地址、电话：宁波中山大厦16号 61251220 开户行及账号：工行中山分理处 11022319881210	密码区	略

货物或应税劳务、服务名称	规格型号	单位	数量	单价	金额	税率	税额
陈列柜		个	5	200	1000	17%	170
挂衣架		个	100	2	200	17%	34
储物箱		个	20	30	600	17%	102
合计					¥1800		¥306

价税合计（大写）　贰仟壹佰零陆元整　　（小写）¥2106.00

销售方	名称：宁波东方百货有限公司 纳税人识别号：2202239855446 地址、电话：宁波东方大厦 27686666 开户行及账号：建行中山分理处 11022316888512	备注	校验码

收款人：李明　　复核：王军　　开票人：李明　　销售方：（章）

表 4-32-1

3302153320	宁波增值税专用发票	NO 18125416
机器编号：	发票联	开票日期：2017年01月20日

税总函（2015）362号 上海东港安全印刷有限公司

第二联：发票联 购买方记账凭证

购买方	名　　称：宁波湘甬商贸有限公司	
	纳税人识别号：1102231976318	密码区
	地　址、电　话：宁波中山大厦16号 61251220	
	开户行及账号：工行中山分理处 11022319881210	略

货物或应税劳务、服务名称	规格型号	单位	数量	单价	金额	税率	税额
工作服		件	10	70	700	17%	119
现金付讫							
合计					￥700		￥119

价税合计（大写）	捌佰壹拾玖元整	（小写）￥819.00

销售方	名　　称：宁波东方百货有限公司	备注
	纳税人识别号：222239855446	
	地　址、电　话：宁波东方大厦 27686666	校验码
	开户行及账号：建行中山分理处 11022316888512	

收款人：李玥　　复核：王军　　开票人：李玥　　销售方：（章）

表 4-32-2

3302153320	宁波增值税专用发票	NO 18125416
机器编号：	抵扣联	开票日期：2017年01月20日

税总函（2015）362号 上海东港安全印刷有限公司

第二联：抵扣联 购买方抵扣凭证

购买方	名　　称：宁波湘甬商贸有限公司	
	纳税人识别号：1102231976318	密码区
	地　址、电　话：宁波中山大厦16号 61251220	
	开户行及账号：工行中山分理处 11022319881210	略

货物或应税劳务、服务名称	规格型号	单位	数量	单价	金额	税率	税额
工作服		件	10	70	700	17%	119
合计					￥700		￥119

价税合计（大写）	捌佰壹拾玖元整	（小写）￥819.00

销售方	名　　称：宁波东方百货有限公司	备注
	纳税人识别号：222239855446	
	地　址、电　话：宁波东方大厦 27686666	校验码
	开户行及账号：建行中山分理处 11022316888512	

收款人：李玥　　复核：王军　　开票人：李玥　　销售方：（章）

表 4-33-1

3302153320	宁波增值税专用发票 发票联	NO 11533417
机器编号：		开票日期：2017年01月20日

购买方	名　　称：宁波湘甬商贸有限公司 纳税人识别号：1102231976318 地址、电话：宁波中山大厦16号 61251220 开户行及账号：工行中山分理处 11022319881210	密码区	略

货物或应税劳务、服务名称	规格型号	单位	数量	单价	金额	税率	税额
服务费					849.06	6%	50.94

现金付讫

价税合计（大写）	玖佰元整	（小写）¥900.00

销售方	名　　称：宁波天天乐服务公司 纳税人识别号：222231895513 地址、电话：宁波天天大厦1楼 27551556 开户行及账号：建行中山分理处 11022319333526	备注	校验码 （宁波天天乐服务公司 发票专用章）

收款人：万丽	复核：李玲	开票人：万丽	销售方：（章）

第一联：发票联 购买方记账凭证

表 4-33-2

3302153320	宁波增值税专用发票 抵扣联	NO 11533417
机器编号：		开票日期：2017年01月20日

购买方	名　　称：宁波湘甬商贸有限公司 纳税人识别号：1102231976318 地址、电话：宁波中山大厦16号 61251220 开户行及账号：工行中山分理处 11022319881210	密码区	略

货物或应税劳务、服务名称	规格型号	单位	数量	单价	金额	税率	税额
服务费					849.06	6%	50.94

价税合计（大写）	玖佰元整	（小写）¥900.00

销售方	名　　称：宁波天天乐服务公司 纳税人识别号：222231895513 地址、电话：宁波天天大厦1楼 27551556 开户行及账号：建行中山分理处 11022319333526	备注	校验码 （宁波天天乐服务公司 发票专用章）

收款人：万丽	复核：李玲	开票人：万丽	销售方：（章）

第二联：抵扣联 购买方抵扣凭证

表 4-34

中国工商银行转账支票存根（浙）

支票号码： X VI19561111024

附加信息

出票日期 2017年01月30日

收款人：浙江友谊百货有限公司
金　额：￥20000.00
用　途：保证金

单位主管 李毅　会计 罗玲

表 4-35

中国工商银行

利息入账通知

2017 年 01 月 20 日

传票号： 99901923

付款人：工商银行中山分理处

计息账号：11022319881210

收款户名：宁波湘甬商贸有限公司

收款账号：11022319881210

利息金额大写：（人民币）壹佰贰拾元伍角整

利息金额小写：RMB 120.50

活期存款积数：958,987.89　　利率：0.72000

协定存款积数：0.00　　利率：0.00000

摘要：结息

表 4-36-1

宁波增值税专用发票

3302168866　　　NO 15536418

机器编号：　　　　　　　发票联　　　　开票日期：2017年01月20日

购买方
- 名　称：宁波湘甬商贸有限公司
- 纳税人识别号：1102231976318
- 地址、电话：宁波中山大厦16号 61251220
- 开户行及账号：工行中山分理处 11022319881210

密码区：略

货物或应税劳务、服务名称	规格型号	单位	数量	单价	金额	税率	税额
电脑	联想		1	4000	4000	17%	680
空调	美的		1	5000	5000	17%	850
收银机	美的		1	2000	2000	17%	340
合计					￥11000		￥1870

价税合计（大写）：壹万贰仟捌佰柒拾元整　　（小写）￥12870.00

销售方
- 名　称：宁波泰兴办公设备有限公司
- 纳税人识别号：2202231976325
- 地址、电话：宁波金汇大厦16号 88851226
- 开户行及账号：建行解放分理处 1102231981236

备注：校验码

收款人：李平　　复核：王军　　开票人：李平　　销售方：（章）

第一联：发票联 购买方记账凭证

税总函（2015）362号 上海东港安全印刷有限公司

表 4-36-2

宁波增值税专用发票

3302168866　　　NO 15536418

机器编号：　　　　　　　抵扣联　　　　开票日期：2017年01月20日

购买方
- 名　称：宁波湘甬商贸有限公司
- 纳税人识别号：1102231976318
- 地址、电话：宁波中山大厦16号 61251220
- 开户行及账号：工行中山分理处 11022319881210

密码区：略

货物或应税劳务、服务名称	规格型号	单位	数量	单价	金额	税率	税额
电脑	联想		1	4000	4000	17%	680
空调	美的		1	5000	5000	17%	850
收银机	美的		1	2000	2000	17%	340
合计					￥11000		￥1870

价税合计（大写）：壹万贰仟捌佰柒拾元整　　（小写）￥12870.00

销售方
- 名　称：宁波泰兴办公设备有限公司
- 纳税人识别号：2202231976325
- 地址、电话：宁波金汇大厦16号 88851226
- 开户行及账号：建行解放分理处 1102231981236

备注：校验码

收款人：李平　　复核：王军　　开票人：李平　　销售方：（章）

第二联：抵扣联 购买方抵扣凭证

表 4-37-1

13302168866	宁波增值税专用发票		NO 11536419
机器编号：	发票联		开票日期：2017年01月20日

购买方	名　称：宁波湘甬商贸有限公司 纳税人识别号：1102231976318 地址、电话：宁波中山大厦 16 号 61251220 开户行及账号：工行中山分理处 11022319881210	密码区	略

货物或应税劳务、服务名称	规格型号	单位	数量	单价	金额	税率	税额
女式休闲服	626	件	1000	200	200000	17%	34000
合计					￥200000		￥34000

价税合计（大写）	贰拾叁万肆仟元整	（小写）￥234000.00

销售方	名　称：上海贝格服饰有限公司 纳税人识别号：222231896556 地址、电话：上海东方大厦 10 楼 27658825 开户行及账号：建行浦东分理处 11022319666232	备注	校验码

收款人：李娟　　复核：王军　　开票人：李娟　　销售方：（章）

税总函（2015）362号上海东港安全印制有限公司

第二联：发票联　购买方记账凭证

表 4-37-2

13302168866	宁波增值税专用发票		NO 11536419
机器编号：	抵扣联		开票日期：2017年01月20日

购买方	名　称：宁波湘甬商贸有限公司 纳税人识别号：1102231976318 地址、电话：宁波中山大厦 16 号 61251220 开户行及账号：工行中山分理处 11022319881210	密码区	略

货物或应税劳务、服务名称	规格型号	单位	数量	单价	金额	税率	税额
女式休闲服	626	件	1000	200	200000	17%	34000
合计					￥200000		￥34000

价税合计（大写）	贰拾叁万肆仟元整	（小写）￥234000.00

销售方	名　称：上海贝格服饰有限公司 纳税人识别号：222231896556 地址、电话：上海东方大厦 10 楼 27658825 开户行及账号：建行浦东分理处 11022319666232	备注	校验码

收款人：李娟　　复核：王军　　开票人：李娟　　销售方：（章）

第二联：抵扣联　购买方抵扣凭证

表 4-37-3

入 库 单

供货单位：上海贝格服饰有限公司　　　　　　NO. 5256221

发票号码：05581532　　　2017年01月20日　　收货仓库：_____

商品名称及规格	单位	数　量		实际成本	
		应收	实收	单价	金额
女式休闲服	件	1000	1000	200	200000
合　计		1000	1000	200	200000

质量检验：　　　　　　　　　仓库：　　　　　　　　　　制单：

表 4-38-1

产 品 出 库 单

第　号

2017年 01月 20日

名　称	单位	数量	单价	金　额										备注
				百	十	万	千	百	十	元	角	分	
男式休闲服	件	200	280			5	6	0	0	0	0	0	
女式休闲服	件	200	280			5	6	0	0	0	0	0	
男式运动服	件	200	380			7	6	0	0	0	0	0	
女式运动服	件	200	380			7	6	0	0	0	0	0	
合　计				¥	2	6	4	0	0	0	0	0	

主管　　　会计　　　　质检员　　　保管员 王新宇　　　　经手人

表 4-38-2

宁波增值税专用发票

3302168866　　　　　　　　　　　　　　　　NO 15546420

记 账 联

机器编号：　　　　　　　　　　　开票日期：2017年01月20日

购买方	名　　称：宁波天甬通讯有限公司 纳税人识别号：110410262834977 地址、电话：宁波市中山路12号 62201459 开户行及账号：工行中山路分理处 1102208808102	密码区	略

货物或应税劳务、服务名称	规格型号	单位	数量	单价	金额	税率	税额
男式休闲服		件	200	280	56000	17%	9520
女式休闲服		件	200	280	56000	17%	9520
男式运动服		件	200	380	76000	17%	12920
女式运动服		件	200	380	76000	17%	12920
合计					¥264000		¥44880

价税合计（大写）	叁拾万零捌仟捌佰捌拾元整	（小写）¥308880.00

销售方	名　　称：宁波湘甬商贸有限公司 纳税人识别号：1102231976318 地址、电话：宁波中山大厦16号 61251220 开户行及账号：工行中山分理处 11022319881210	备注	（发票专用章）

收款人：李丽　　复核：王军　　开票人：李明　　销售方：（章）

第一联：记账联 销售方记账凭证

表 4-39

中国工商银行　进账单（收账通知）

2017年01月20日　　　　　　　　第　号

付款人	全　称	宁波华美服饰有限公司	收款人	全　称	宁波湘甬商贸有限公司
	账　号	1102205546282		账　号	11022319881210
	开户银行	建行泰山路分理处		开户银行	工行中山分理处

人民币（大写）	贰拾柒万陆仟元整	千百十万千百十元角分 ¥ 2 7 6 0 0 0 0 0

票据种类		收款人开户行盖章

注：1.解入票据须侯收妥后方可用款
2.本联于款项收妥后代收账通知

表 4-40-1

3302153328	宁波增值税普通发票	NO345213212
机器编号：	发 票 联	开票日期：2017年01月30日

购买方
名　　称：宁波湘甬商贸有限公司
纳税人识别号：1102231976318
地　址、电　话：宁波中山大厦16号 61251220
开户行及账号：工行中山分理处 11022319881210

密码区：略

货物或应税劳务、服务名称	规格型号	单位	数量	单价	金额	税率	税额
餐费					19417.48	3%	582.52
合计					¥19417.48		¥582.52

价税合计（大写）：贰万元整　　（小写）¥20000.00

销售方
名　　称：宁波宁南餐饮有限公司
纳税人识别号：2202231972262
地　址、电　话：宁波中山西路1号 88552222
开户行及账号：工行中山分理处 11022319886622

备注：校验码（发票专用章）

收款人：王云　　复核：李干　　开票人：王云　　销售方：（章）

表 4-40-2

中国工商银行转账支票存根（浙）

支票号码：　X VI19561111025

附加信息

出票日期　2017年01月30日

收款人：宁波宁南餐饮有限公司
金　　额：¥20000.00
用　　途：餐费

单位主管　李毅　　会计　罗玲

表 4-41-1

宁波增值税专用发票 发票联

3302153328		NO 28255635
机器编号：		开票日期：2017年01月30日

购买方	名　称：宁波湘甬商贸有限公司 纳税人识别号：1102231976318 地址、电话：宁波中山大厦16号 61251220 开户行及账号：工行中山分理处 11022319881210	密码区	略

货物或应税劳务、服务名称	规格型号	单位	数量	单价	金额	税率	税额
男式休闲服	566	件	1000	200	200000.00	17%	34000.00

价税合计（大写）	贰拾叁万肆仟元整	（小写）￥234000.00

销售方	名　称：宁波甬英服饰有限公司 纳税人识别号：1102231976666 地址、电话：宁波中山大厦16号 822516666 开户行及账号：工行中山分理处 11022319886666	备注	校验码 （发票专用章）

收款人：周宁　　复核：王军　　开票人：方平　　销售方：（章）

表 4-41-2

宁波增值税专用发票 抵扣联

3302153328		NO 28255635
机器编号：		开票日期：2017年01月30日

购买方	名　称：宁波湘甬商贸有限公司 纳税人识别号：1102231976318 地址、电话：宁波中山大厦16号 61251220 开户行及账号：工行中山分理处 11022319881210	密码区	略

货物或应税劳务、服务名称	规格型号	单位	数量	单价	金额	税率	税额
男式休闲服	566	件	1000	200	200000.00	17%	34000.00

价税合计（大写）	贰拾叁万肆仟元整	（小写）￥234000.00

销售方	名　称：宁波甬英服饰有限公司 纳税人识别号：1102231976666 地址、电话：宁波中山大厦16号 82251666 开户行及账号：工行中山分理处 11022319886666	备注	校验码 （发票专用章）

收款人：周宁　　复核：王军　　开票人：方平　　销售方：（章）

表 4-41-3

入 库 单

供货单位：宁波甬英服饰有限公司　　　　　　NO. 5256226
发票号码：01381451　　2017 年 01 月 31 日　　收货仓库：_____

商品名称及规格	单位	数量 应收	数量 实收	实际成本 单价	实际成本 金额
男式休闲服	件	1000	1000	200	200000
合　计		1000	1000	200	200000

质量检验：黎民　　　　　仓库：王新宇　　　　　制单：王新宇

表 4-42-1

3302153328　宁波增值税专用发票　NO 22895466

机器编号：　　　　　　发 票 联　　　开票日期：2017 年 01 月 31 日

购买方	名　　称：宁波湘甬商贸有限公司 纳税人识别号：1102231976318 地址、电话：宁波中山大厦 16 号 61251220 开户行及账号：工行中山分理处 11022319881210	密码区	略

货物或应税劳务、服务名称	规格型号	单位	数量	单价	金额	税率	税额
女式休闲服		件	600	150	90000	17%	15300

价税合计（大写）	壹拾万伍仟叁佰元整	（小写）¥105300.00

销售方	名　　称：宁波甬英服饰有限公司 纳税人识别号：1102231976666 地址、电话：宁波中山大厦 16 号 82251666 开户行及账号：工行中山分理处 1102231988666	校验码	（宁波甬英服饰有限公司 发票专用章）

收款人：周宁　　　复核：王军　　　开票人：方平　　　销售方：（章）

表 4-42-2

宁波增值税专用发票

抵 扣 联

3302153328　　　　　　　　　　　　　　NO 22895466

机器编号：　　　　　　　　　　　　　开票日期：2017 年 01 月 31 日

购买方	名　　　称：宁波湘甬商贸有限公司 纳税人识别号：1102231976318 地　址、电　话：宁波中山大厦 16 号 61251220 开户行及账号：工行中山分理处 11022319881210	密码区	略

货物或应税劳务、服务名称	规格型号	单位	数量	单价	金额	税率	税额
女式休闲服		件	600	150	90000	17%	15300

价税合计（大写）	壹拾万伍仟叁佰元整	（小写）¥ 105300.00

销售方	名　　　称：宁波甬英服饰有限公司 纳税人识别号：1102231646666 地　址、电　话：宁波中山大厦 16 号 82251666 开户行及账号：工行中山分理处 11022319886666	备注	校验码

收款人：周宁　　　复核：王军　　　开票人：方平　　　销售方：（章）

表 4-42-3

入 库 单

供货单位：宁波甬英服饰有限公司　　　　　　NO. 5256227

发票号码：01381452　　2017 年 01 月 31 日　　收货仓库：_____

商品名称及规格	单位	数量		实际成本	
		应收	实收	单价	金额
女式休闲服 2	件	600	600	150	90000
合　计		600	600	150	90000

质量检验：黎民　　　　　仓库：王新宇　　　　　制单：王新宇

表 4-42-4

中国工商银行转账支票存根（浙）

支票号码： X VI19561111025

附加信息 _____

_____

_____

出票日期 2017年01月31日

收款人：宁波甬英服饰有限公司
金　额：￥105300.00
用　途：货款

单位主管 李毅　　会计 罗玲

表 4-43-1

中国工商银行　进账单（收账通知）

2017 年 01 月 31 日　　　　　第　号

付款人	全 称	宁波永盛空调有限公司	收款人	全 称	宁波湘甬商贸有限公司
	账 号	1105505558948		账 号	11022319881210
	开户银行	建行新河路分理处		开户银行	工行中山分理处

人民币（大写）	叁仟元整		百	十	万	千	百	十	元	角	分
					￥	3	0	0	0	0	0

票据种类		

收款人开户行盖章

中国工商银行 20170131 转讫

注：1.解入票据须候收妥后方可用款
2.本联于款项收妥后代收账通知

表 4-43-2

3302168866	宁波增值税专用发票		NO 10000424
机器编号：	记 账 联		开票日期：2017年01月31日

购买方	名　　称：宁波永盛空调有限公司 纳税人识别号：110410262834968 地　址、电　话：宁波市新河路2号 82221458 开户行及账号：建行新河路分理处 115505558948	密码区	略

货物或应税劳务、服务名称	规格型号	单位	数量	单价	金额	税率	税额
空调			1	2564.1	2564.1	17%	435.9
合计					￥2564.1		￥435.9

价税合计（大写）	叁仟元整	（小写）￥3000.00

销售方	名　　称：宁波湘甬商贸有限公司 纳税人识别号：1102231976318 地　址、电　话：宁波中山大厦16号 61251220 开户行及账号：工行中山分理处 11022319881210	备注	校验码

收款人：王晶晶　　复核：沈阳　　开票人：王晶晶　　销售方：（章）

第一联：记账联 销售方记账凭证

表 4-44-1

费 用 报 销 单

2017 年 01 月 31 日

姓名	摘　　要	膳用金额	车费金额	其他费用金额
李娟	维修费		4000.00	
合计（大写）肆仟元整		合计	￥ 4000.00	

车间、部门：行政部　　审核：＿＿＿　　制单：李娟　　收款：李娟

表 4-44-2

宁波增值税专用发票

代码：3302153328 NO 22897485

发票联

开票日期：2017年01月31日

购买方	名　　称：宁波湘甬商贸有限公司 纳税人识别号：1102231976318 地　址、电　话：宁波中山大厦 16 号 61251220 开户行及账号：工行中山分理处 11022319881210	密码区	略

货物或应税劳务、服务名称	规格型号	单位	数量	单价	金额	税率	税额
维修费					3418.80	17%	581.20

价税合计（大写）	肆仟元整	（小写）¥4000.00

销售方	名　　称：宁波欣欣别克汽车有限公司 纳税人识别号：110223197632 地　址、电　话：宁波青叶大厦 16 号 81251226 开户行及账号：建行柳汀分理处 11022319881216	备注	校验码 （发票专用章）

收款人：张武　　复核：李玲　　开票人：张武　　销售方：（章）

第二联：发票联 购买方记账凭证

税总函（2015）362 号 上海东港安全印制有限公司

表 4-44-3

宁波增值税专用发票

代码：3302153328 NO 22897485

抵扣联

开票日期：2017年01月31日

购买方	名　　称：宁波湘甬商贸有限公司 纳税人识别号：1102231976318 地　址、电　话：宁波中山大厦 16 号 61251220 开户行及账号：工行中山分理处 11022319881210	密码区	略

货物或应税劳务、服务名称	规格型号	单位	数量	单价	金额	税率	税额
维修费					3418.80	17%	581.20

价税合计（大写）	肆仟元整	（小写）¥4000.00

销售方	名　　称：宁波欣欣别克汽车有限公司 纳税人识别号：110223197632 地　址、电　话：宁波青叶大厦 16 号 81251226 开户行及账号：建行柳汀分理处 11022319881216	备注	校验码 （发票专用章）

收款人：张武　　复核：李玲　　开票人：张武　　销售方：（章）

第三联：抵扣联 购买方抵扣凭证

税总函（2015）362 号 上海东港安全印制有限公司

表 4-44-4

```
中国工商银行现金支票存根（浙）
支票号码：  X VI195611250011
附加信息
_____
_____
_____

出票日期  2017年 01月 31日

收款人：宁波湘甬商贸有限公司
金  额：￥4000.00
用  途：汽车费用

单位主管 李毅   会计 罗玲
```

表 4-45

投资收益计算表

2017 年 01 月 31 日

名称	数量	账面价	公允价值	损益
股票	50000	3.6	4	20000

表 4-46-1

代销商品销售清单

2017 年 01 月 31 日

商品名称	单位	代销数量	实际成本		
^	^	^	本次销售量	单价	金额
男式休闲服	件	300	100	300	30000
女式休闲服	件	300	100	300	30000
合 计			200	300	60000

表 4-46-2

3302168866	宁波增值税专用发票	NO 14587426
机器编号：	记 账 联	开票日期：2017年01月31日

购买方
名　　称：宁波丽园服饰有限公司
纳税人识别号：110410262884526
地址、电话：宁波市泰康路12号 82201268
开户行及账号：工行泰康分理处 1102206605122

密码区：略

货物或应税劳务、服务名称	规格型号	单位	数量	单价	金额	税率	税额
男式休闲服		件	100	300	30000	17%	5100
女式休闲服		件	100	300	30000	17%	5100
合计					¥60000		¥10200

价税合计（大写）：柒万零贰佰元整　　（小写）¥70200.00

销售方
名　　称：宁波湘甬商贸有限公司
纳税人识别号：1102231976318
地址、电话：宁波中山大厦16号 61251220
开户行及账号：工行中山分理处 11022319881210

备注：校验码

收款人：王晶晶　　复核：沈阳　　开票人：王晶晶　　销售方：（章）

第一联：记账联 销售方记账凭证

表 4-47

代销商品手续费计算表

2017年01月31日

商品名称	单位	本次代销数量	本次销售额	计提比例	应付手续费
男式休闲服	件	100	30000	10%	3000
女式休闲服	件	100	30000	10%	3000
合计		200	60000		6000

表 4-48

委托代销商品销售成本计算表

2017 年 01 月 31 日

商品名称	销售数量	单位成本	销售成本	备注
男式休闲服	100	200	20000	
女式休闲服	100	200	20000	
合计	200		40000	

表 4-49

中国工商银行　进账单（收账通知）

2017 年 01 月 31 日　　　　第 号

付款人	全 称	宁波丽园服饰有限公司	收款人	全 称	宁波湘甬商贸有限公司	
	账 号	1102206605122		账 号	11022319881210	
	开户银行	工行泰康路分理处		开户银行	工行中山分理处	
人民币（大写）	陆万肆仟贰佰元整		转讫	千百十万千百十元角分 ¥ 6 4 2 0 0 0 0		
票据种类				收款人开户行盖章		

注：1. 解入票据须俟收妥后方可用款
2. 本联十款项收妥后代收账通知

表 4-50

工 资 结 算 表
2017年1月31日

姓名	工资	奖金/提成	应付工资	扣款项目 社会保险	扣款项目 个人所得税	实发工资	签章
李毅	6000		6,000.00	660.00	79.00	5,261.00	
陈丽	5000		5,000.00	550.00	28.50	4,421.50	
吴勇	5000		5,000.00	550.00	28.50	4,421.50	
谢小芳	4000		4,000.00	440.00	1.80	3,558.20	
李娟	2500		2,500.00	275.00		2,225.00	
叶晓	4000		4,000.00	440.00	1.80	3,558.20	
王晶晶	2500		2,500.00	275.00		2,225.00	
小计	29000		29000	3190	139.6	25670.4	
李羊	4000		4,000.00	440.00	1.80	3,558.20	
周波	2000		2,000.00	220.00		1,780.00	
周辉	3000	1000	4,000.00	440.00	1.80	3,558.20	
沈阳	2000	500	2,500.00	275.00		2,225.00	
邵俊勇	4000		4,000.00	440.00	1.80	3,558.20	
王新宇	2500		2,500.00	275.00		2,225.00	
李伟	4000		4,000.00	440.00	1.80	3,558.20	
罗晓玲	2000		2,000.00	220.00		1,780.00	
小计	23500	1500	25000	2750	7.2	22242.8	
合计	52500	1500	54000	5940	146.8	47913.2	

会计：叶晓　　出纳：王晶晶　　制单：罗玲

表 4-51

社保计算表

2017年 01月 31日

姓 名	工资	养老保险	医疗保险	失业保险	工伤保险	生育保险	合计
李娄	6,000.00	1,200.00	480.00	120.00	30.00	30.00	1,860.00
陈丽	5,000.00	1,000.00	400.00	100.00	25.00	25.00	1,550.00
吴勇	5,000.00	1,000.00	400.00	100.00	25.00	25.00	1,550.00
谢小芳	4,000.00	800.00	320.00	80.00	20.00	20.00	1,240.00
李娟	2,500.00	500.00	200.00	50.00	12.50	12.50	775.00
小计	22,500.00	4,500.00	1,800.00	450.00	112.50	112.50	6,975.00
叶晓	4,000.00	800.00	320.00	80.00	20.00	20.00	1,240.00
王晶晶	2,500.00	500.00	200.00	50.00	12.50	12.50	775.00
小计	6,500.00	1,300.00	520.00	130.00	32.50	32.50	2,015.00
李军	4,000.00	800.00	320.00	80.00	20.00	20.00	1,240.00
周波	2,000.00	400.00	160.00	40.00	10.00	10.00	620.00
小计	6,000.00	1,200.00	480.00	120.00	30.00	30.00	1,860.00
周辉	4,000.00	800.00	320.00	80.00	20.00	20.00	1,240.00
沈阳	2,500.00	500.00	200.00	50.00	12.50	12.50	775.00
小计	6,500.00	1,300.00	520.00	130.00	32.50	32.50	2,015.00
邵俊勇	4,000.00	800.00	320.00	80.00	20.00	20.00	1,240.00
王新宇	2,500.00	500.00	200.00	50.00	12.50	12.50	775.00
小计	6,500.00	1,300.00	520.00	130.00	32.50	32.50	2,015.00
李伟	4,000.00	800.00	320.00	80.00	20.00	20.00	1,240.00
罗晓玲	2,000.00	400.00	160.00	40.00	10.00	10.00	620.00
小计	6,000.00	1,200.00	480.00	120.00	30.00	30.00	1,860.00
合计	54,000.00	10,800.00	4,320.00	1,080.00	270.00	270.00	16,740.00

会计：叶晓　　　　　出纳：王晶晶　　　　　制单：

表 4-52

财产物资盘盈盘亏报告单

类别：存货　　　　　2017 年 01 月 31 日

存货名称	规格	单位	数量 账存	数量 实存	盘盈 数量	盘盈 单价	盘盈 金额	盘亏 数量	盘亏 单价	盘亏 金额	进项税额	备注
男式休闲服		件			2	200	400					
合计												

分析原因：　　　　　　　　　　审批意见：

单位（盖章）　　　　　财务科负责人：　　　　　制表：王新宇

表 4-53-1

3302153328　　宁波增值税普通发票　　NO 10000427

机器编号：　　　　　　记 账 联　　　　开票日期：2017 年 01 月 31 日

购买方	名　称：个人 纳税人识别号： 地址、电话： 开户行及账号：	密码区	略

货物或应税劳务、服务名称	规格型号	单位	数量	单价	金额	税率	税额
男式休闲服		件	500	300	150000	17%	25500
女式休闲服		件	500	300	150000	17%	25500
男式运动服		件	300	400	120000	17%	20400
女式运动服		件	600	400	240000	17%	40800
女式休闲服2		件	500	300	150000	17%	25500
合计					￥810000		￥137700

价税合计（大写）　玖拾肆万柒仟柒佰元整　　　　（小写）￥947700.00

销售方	名　称：宁波湘甬商贸有限公司 纳税人识别号：1102231976318 地址、电话：宁波中山大厦 16 号 61251220 开户行及账号：工行中山分理处 11022319881210	备注	

收款人：王晶晶　　复核：沈阳　　开票人：王晶晶　　销售方：（章）

表 4-53-2

中国工商银行 现金缴款单 （回 单） 1

2017年 01月 31日

缴款单位	全称	宁波湘甬商贸有限公司	款项来源	营业款										
	账号	11022319881210	缴款部门											
金额	人民币				亿	千	百	十	万	千	百	十	元	角	分
	（大写）玖拾肆万柒仟柒佰元整						¥	9	4	7	7	0	0	0	0
券别	张数	券别	张数	收款银行盖章										
				经办人										

中国工商银行 中山分理处 收讫

表 4-53-3

产 品 出 库 单 （汇总）

第 号

2017 年01月 31 日

名 称	单位	数量	单价	金 额								备注
				百	十	万	千	百	十	元	角	分	
男式休闲服	件	500	300		1	5	0	0	0	0	0	0	
女式休闲服	件	500	300		1	5	0	0	0	0	0	0	
男式运动服	件	300	400		1	2	0	0	0	0	0	0	
女式运动服	件	600	400		2	4	0	0	0	0	0	0	
女式休闲服2	件	500	300		1	5	0	0	0	0	0	0	
合　　计				¥	8	1	0	0	0	0	0	0	

主管　　　会计　　　质检员　　　保管员 **王新宇**　　　经手人

表 4-54

未交增值税计算表

年 月 日

项 目	金 额
本期销项税额	
进项税额转出	
本期实际可以抵扣的进项税额	
上期留抵税额	
本期应纳税额	

表 4-55

附加税计算表

年 月 日

项 目	计 税 基 数	税 率	税 额
城建税			
教育费附加			
地方教育费附加			
合 计			

表 4-56

长期待摊费用摊销计算表

年 月 日

项 目	原始发生额	本期增加	本期摊销	期末数	摊销年限
租入固定资产改良支出					5

表 4-57

固定资产折旧计算表

年 月 日

名称型号	单位	数量	单价	原值	月折旧率	月折旧额	备 注
别克汽车	辆	1	282051	282051.26	1.58%		年折旧率19%
联想电脑	台	10	4000	40000			
美的空调	台	4	5000	20000			
办公家具	批	1	20000	20000			
打包机	台	1	3000	3000			
航天电脑	台	1	4000	4680			
航天打印机	台	1	2000	2340			
合计				372071.26	1.58%		

表 4-58

无形资产摊销计算表

年 月 日

项目	原始发生额	期初数	本期增加	本期摊销	期末数	摊销年限
财务软件						3

表 4-59

商品销售成本计算汇总表

年 月 日

商品名称	销售数量	单位成本	销售成本	备 注
男式休闲服				
女式休闲服				
男式运动服				
女式运动服				
女式休闲服2				
合计				

表 4-60

包装材料成本计算表

年 月 日

品名	领用数量	单位	单位成本	成本
包装材料	50%	批		
合计	50%			

表 4-61

损益类账户发生额汇总表

年　月　日

会计科目	借方发生额	贷方发生额
主营业务收入		
投资收益		
公允价值变动损益		
主营业务成本		
营业税金及附加		
销售费用		
管理费用		
财务费用		
营业外支出		
合　计		

表 4-62

会计科目汇总表

年　月　日

会计科目	方向	期初余额	本期借方发生额	本期贷方发生额	方向	期末余额
合计						

会计科目汇总表（续）

年　月　日

会计科目	方向	期初余额	本期借方发生额	本期贷方发生额	方向	期末余额
合计						

表 4-63-1

资 产 负 债 表
年 月 日

编制单位：　　　　　　　　　　　　　　　　　　　　单位：元

资产	行次	期末余额	年初余额
流动资产	1		
货币资金	2		
交易性金融资产	3		
应收票据	4		
应收账款	5		
预付款项	6		
应收利息	7		
应收股利	8		
其他应收款	9		
存货	10		
一年内到期的非流动资产	11		
其他流动资产	12		
流动资产合计	**13**		
非流动资产：	14		
可供出售金融资产	15		
持有至到期投资	16		
长期应收款	17		
长期股权投资	18		
投资性房地产	19		
固定资产	20		
在建工程	21		
工程物资	22		
固定资产清理	23		
生产性生物资产	24		
油气资产	25		
无形资产	26		
开发支出	27		
商誉	28		
长期待摊费用	29		
递延所得税资产	30		
其他非流动资产	31		
非流动资产合计	**32**		
资产总计	**33**		

表 4-63-2

资 产 负 债 表（续）

年 月 日

编制单位： 单位：元

负债和所有者权益	行次	期末余额	年初余额
流动负债	34		
短期借款	35		
交易性金融负债	36		
应收票据	37		
应收账款	38		
预付款项	39		
应付职工薪酬	40		
应交税费	41		
应付利息	42		
应付股利	43		
其他应付款	44		
一年内到期的非流动负债	45		
其他流动负债	46		
流动负债合计	47		
非流动负债：	48		
长期借款	49		
应付债券	50		
长期应付款	51		
专项应付款	52		
预计负债	53		
递延所得税负债	54		
其他非流动负债	55		
非流动负债合计	**56**		
负债合计	**57**		
所有者权益	58		
实收资本	59		
资本公积	60		
减：库存股	61		
专项储备	62		
盈余公积	63		
未分配利润	64		
所有者权益合计	65		
负债和所有者权益合计	**66**		

法定代表人　　　　　　会计机构负责人　　　　制表人

表 4-63-3

利 润 表

年　月　日

编制单位：　　　　　　　　　　　　　　　　　　　　　　　　　　　单位：元

项　　目	行　次	本期金额	上期金额
一、营业收入	1		
减：营业成本	2		
营业税金及附加	3		
销售费用	4		
管理费用	5		
财务费用	6		
资产减值损失	7		
加：公允价值变动收益	8		
投资收益	9		
其中：对联营企业和合营企业的投资收益	10		
二、营业利润	11		
加：营业外收入	12		
减：营业外支出	13		
其中：非流动资产处置损失	14		
三、利润总额	15		
减：所得税费用	16		
四、净利润	17		

法定代表人　　　　　　　　　会计机构负责人　　　　　　　　　制表人

表 4-64-1

纳 税 申 报 表

纳税编码：
纳税人识别码：　　　　　　税款所属日期：　年 月 日至　年 月 日

金额单位：元（列至角分）

纳税人名称		地　址		经济性质		电话	
开户银行		帐　号		职工人数			
产品（货物、劳务）销售收入		应纳增值税		应纳消费税			
自开票纳税人开票金额		自开票纳税人抵扣金额		自开票纳税人相抵余额			

序号	税　种	征收项目	计征依据	税（费）率（额）	应纳税（费）额	其中：经批准减免额	经批准缓交额	实际应入库额
1	营业税							
2	其中：1.							
3	2.							
4	城市维护建设税							
5	教育费附加							
6	地方教育费附加							
7	代扣代缴个人所得税							
8	其中：1.							
9	2.							
10	3.							
11	文化事业建设费							
12	水利建设专项资金							
13	土地增值税							
14	印花税	购销合同（核定比例）%						
15	资源税							
16	合计							
17	残疾人就业保障金	上期职工平均人数	计征标准	应纳保障金额	其中：经批准抵扣额	经批准减免额	实际应入库额	

纳税人声明：本表所填数据真实、完整、愿意承担法律责任			如委托代理填报，由代理人填写以下各栏			
会计主管（签章）	办税人员（签章）	纳税单位（人）（签章）	代理人名称		代理人（签章）	
			代理人地址			年月日
		申报日期：年月日	经办人		电话	

以下有税务机关填写				说明：1、缴纳增值税的纳税人，应附有经国税部门审核的增值税纳税申报表。本表一式三份，二份于月度终了十五日内报送主管税务机关，一份由纳税人留存。须附《扣缴个人所得税报告表》。
收到申报表日期		接收人		
完税凭证号码		完税日期		

宁波地方税务局监制

表 4-64-2

增 值 税 纳 税 申 报 表

根据《中华人民共和国增值税暂行条例》和《交通运输业和部分现代服务业营业税改征增值税试点实施办法》的规定制定本表。纳税人不论有无销售额，均应按主管税务机关核定的纳税期限按期填报本表，并向当地税务机关申报。

税款所属时间：自 年 月 日 至 年 月 日　　　填表日期：年 月 日　　　金额单位：元至角分

纳税人识别号						
纳税人名称		（公章）	法定代表人姓名		注册地址	营业地址
开户银行及账号			企业登记注册类型			电话号码

项　目		栏次	一般货物及劳务和应税服务		即征即退货物及劳务和应税服务	
			本月数	本年累计	本月数	本年累计
销售额	（一）按适用税率征税销售额	1				
	其中：应税货物销售额	2				
	应税劳务销售额	3				
	纳税检查调整的销售额	4				
	（二）按简易征收办法征税销售额	5				
	其中：纳税检查调整的销售额	6				
	（三）免、抵、退办法出口销售额	7			——	——
	（四）免税销售额	8				
	其中：免税货物销售额	9				
	免税劳务销售额	10				
税款计算	销项税额	11				
	进项税额	12				
	上期留抵税额	13				
	进项税额转出	14				
	免、抵、退应退税额	15			——	——
	按适用税率计算的纳税检查应补缴税额	16				
	应抵扣税额合计	17=12+13-14-15+16		——		——
	实际抵扣税额	18（如17<11，则为17，否则为11）				
	应纳税额	19=11-18				
	期末留抵税额	20=17-18				——
	简易征收办法计算的应纳税额	21				
	按简易征收办法计算的纳税检查应补缴税额	22				
	应纳税额减征额	23				
	应纳税额合计	24=19+21-23				
税款缴纳	期初未缴税额（多缴为负数）	25				
	实收出口开具专用缴款书退税额	26			——	——
	本期已缴税额	27=28+29+30+31				
	①分次预缴税额	28			——	——
	②出口开具专用缴款书预缴税额	29			——	——
	③本期缴纳上期应纳税额	30				
	④本期缴纳欠缴税额	31				
	期末未缴税额（多缴为负数）	32=24+25+26-27				
	其中：欠缴税额（≥0）	33=25+26-27				
	本期应补（退）税额	34=24-28-29			——	——
	即征即退实际退税额	35				
	期初未缴查补税额	36				
	本期入库查补税额	37				
	期末未缴查补税额	38=16+22+36-37				

授权声明	如果你已委托代理人申报，请填写下列资料： 为代理一切税务事宜，现授权 （地址） 为本纳税人的代理申报人，任何与本申报表有关的往来文件，都可寄予此人。 授权人签字：	申报人声明	此纳税申报表是根据《中华人民共和国增值税暂行条例》的规定填报的，我相信它是真实的、可靠的、完整的。 声明人签字：

以下由税务机关填写：

收到日期：　　　　　　　　　　　接收人：　　　　　　　　主管税务机关盖章：

子任务 5　清算期经济业务实训

（一）学习目标

1. 了解清算期核算的特点；
2. 掌握企业清算的会计和税务处理。

（二）相关知识

企业清算是指企业因为特定原因终止时，清算企业财产、收回债权、清偿债务并分配剩余财产的行为。企业只要进入清算，会计核算的四大基本前提之一的持续经营假设将不复存在，会计核算及应税所得额的计算应以清算期间作为独立纳税年度，税务处理应执行《财政部　国家税务总局关于企业清算业务企业所得税处理若干问题的通知》（财税〔2009〕60号）。

1. 企业清算有关事项的会计处理

1）销售货物

借：银行存款等
　　　按实际收回的金额和收取的增值税额
借或贷：清算损益
　　　按其账面价值和变卖收入的差额
　　贷：材料、产成品等
　　　按账面价值
　　贷：应交税费——应交增值税（销项税额）
　　　按收取的增值税额

（小规模纳税人企业贷记"应交税费——应交增值税"科目）

增值税一般纳税人，因破产、倒闭、解散等原因不再购进货物而只销售存货的。或者为了维持销售存货的业务而只购进水、电的，期初存货已征税款的抵扣，可按实际动用数抵扣。申请按动用数抵扣期初进项税额，需提供有关部门批准其破产、倒闭、解散的文件资料，并报经税务机关批准。

对纳税人期初存货中尚未抵销的已征税款,以及征税后出现的进项税额大于销项税额后不足抵扣部分,税务机关不再退税。

2) 变卖机器设备、房屋等固定资产以及在建工程

借:银行存款等
　　　按实际变卖收入
借或贷:清算损益
　　　　　按其账面价值和变卖收入的差额
　　贷:固定资产、在建工程等
　　　　按账面价值

转让相关资产应缴纳的有关税费等,

借:清算损益
　　贷:应交税费

3) 处置、销售产品等应缴纳的税费

借:清算损益
　　贷:应交税费

按缴纳的增值税、消费税等流转税计算应交的城市维护建设税、教育费附加等,

借:清算损益
　　贷:应交税费——应交城市维护建设税
　　　　　　　　——应交教育费附加

4) 清算期间取得的其他业务收入

应按实际收入金额,

借:银行存款等
　　贷:清算损益

发生的税金等支出,

借:清算损益
　　贷:应交税费

5) 转让商标权、专利权等资产

借:银行存款
　　　按其实际变卖收入
借或贷:清算损益
　　　　　按其实际变卖收入与账面价值的差额
　　贷:无形资产
　　　　按资产的账面价值

转让相关资产应缴纳的有关税费,

借:清算损益
　　贷:应交税费

2. 企业清算有关事项的税务处理

1）企业清算所得的税务处理

纳税人依法进行清算时，清算终了后的清算所得，应当依照所得税条例规定缴纳所得税。企业清算的所得税处理，是指企业在不再持续经营，发生结束自身业务、处置资产、偿还债务以及向所有者分配剩余财产等经济行为时，对清算所得、清算所得税、股息分配等事项的处理。根据（财税〔2009〕60号）企业清算的所得税处理包括以下内容：全部资产均应按可变现价值或交易价格，确认资产转让所得或损失；确认债权清理、债务清偿的所得或损失；改变持续经营核算原则，对预提或待摊性质的费用进行处理，依法弥补亏损，确定清算所得；计算并缴纳清算所得税；确定可向股东分配的剩余财产、应付股息等。

企业应将整个清算期作为一个独立的纳税年度计算清算所得，具体计算方法如下：

全部清算财产变现损益 = 存货变现损益 + 非存货变现损益 + 清算财产损益

企业的全部资产可变现价值或交易价格，减去资产的计税基础、清算费用、相关税费，加上债务清偿损益等后的余额，为清算所得；

清算所得应纳税额 = 清算所得 × 适用税率

剩余资产为企业全部资产的可变现价值或交易价格减去清算费用，职工的工资、社会保险费用和法定补偿金，结清清算所得税、以前年度欠税等税款，清偿企业债务，按规定计算可以向所有者分配的剩余资产。

纳税人在纳税年度中间破产或终止生产经营活动的。应自停止生产经营活动之日起30日内向主管税务机关办理企业所得税申报，60日内办理企业所得税汇算清交，并依法计算清算期间的企业所得税。纳税人清算期间不属正常生产经营，其清算所得不能享受法定减免税照顾。

2）企业欠税的处理

对企业欠税，应根据国家有关法律规定积极清交。破产企业财产的清偿顺序为：破产费用 —— 所欠职工工资、劳动保险费、补偿金等 —— 所欠税款 —— 破产债权。企业破产宣告终止之日起15日内，持有关证件向原税务登记机关申报办理注销税务登记。同时应当向税务机关结清应纳的税款、滞纳金、罚款，交回已领购尚未使用的发票和发票领购簿及税务机关发给的一切证件。

附：《财政部 国家税务总局关于企业清算业务企业所得税处理若干问题的通知》（财税〔2009〕60号）

各省、自治区、直辖市、计划单列市财政厅（局）、国家税务局、地方税务局，新疆生产建设兵团财务局：

根据《中华人民共和国企业所得税法》第五十三条、第五十五条和《中华人民共和国企业所得税法实施条例》（国务院令第512号）第十一条规定，现就企业清算有关所得税处理问题通知如下：

一、企业清算的所得税处理，是指企业在不再持续经营，发生结束自身业务、处置资产、偿还债务以及向所有者分配剩余财产等经济行为时，对清算所得、清算所得税、股息分配等事项的处理。

二、下列企业应进行清算的所得税处理：

（一）按《公司法》《企业破产法》等规定需要进行清算的企业；

（二）企业重组中需要按清算处理的企业。

三、企业清算的所得税处理包括以下内容：

（一）全部资产均应按可变现价值或交易价格，确认资产转让所得或损失；

（二）确认债权清理、债务清偿的所得或损失；

（三）改变持续经营核算原则，对预提或待摊性质的费用进行处理；

（四）依法弥补亏损，确定清算所得；

（五）计算并缴纳清算所得税；

（六）确定可向股东分配的剩余财产、应付股息等。

四、企业的全部资产可变现价值或交易价格，减除资产的计税基础、清算费用、相关税费，加上债务清偿损益等后的余额，为清算所得。

企业应将整个清算期作为一个独立的纳税年度计算清算所得。

五、企业全部资产的可变现价值或交易价格减除清算费用，职工的工资、社会保险费用和法定补偿金，结清清算所得税、以前年度欠税等税款，清偿企业债务，按规定计算可以向所有者分配的剩余资产。

被清算企业的股东分得的剩余资产的金额，其中相当于被清算企业累计未分配利润和累计盈余公积中按该股东所占股份比例计算的部分，应确认为股息所得；剩余资产减除股息所得后的余额，超过或低于股东投资成本的部分，应确认为股东的投资转让所得或损失。

被清算企业的股东从被清算企业分得的资产应按可变现价值或实际交易价格确定计税基础。

六、本通知自 2008 年 1 月 1 日起执行。

二〇〇九年四月三十日

表 5-1

中华人民共和国企业清算所得税申报表

清算期间：　　　年　月　日至　　　年　月　日

纳税人名称：

纳税人识别号：□□□□□□□□□□□□□□　　金额单位：　　元（列至角分）

类　别	行次	项　目	金　额
应纳税所得额计算	1	资产处置损益（填附表一）	
	2	负债清偿损益（填附表二）	
	3	清算费用	
	4	清算税金及附加	
	5	其他所得或支出	
	6	清算所得（1+2-3-4+5）	
	7	免税收入	
	8	不征税收入	
	9	其他免税所得	
	10	弥补以前年度亏损	
	11	应纳税所得额（6-7-8-9-10）	
应纳所得税额计算	12	税率（25%）	
	13	应纳所得税额（11×12）	
应补（退）所得税额计算	14	减（免）企业所得税额	
	15	境外应补所得税额	
	16	境内外实际应纳所得税额（13-14+15）	
	17	以前纳税年度应补（退）所得税额	
	18	实际应补（退）所得税额（16+17）	

纳税人盖章： 清算组盖章： 经办人签字： 申报日期： 　　　年　月　日	代理申报中介机构盖章： 经办人签字及执业证件号码： 代理申报日期： 　　　年　月　日	主管税务机关受理专用章： 受理人签字： 受理日期： 　　　年　月　日

任务二
工业企业会计业务循环实训

一、学习目标

1. 了解工业企业及其特点；
2. 掌握工业企业成本、税收等会计核算的全过程；
3. 结合工业与商业企业之间的投资关系、购销关系的训练，转换会计主体，理解不同行业的核算差异。

二、任务描述

1. 熟悉企业会计制度和企业的各种财务制度；
2. 开设总分类账户；
3. 开设明细分类账户、现金日记账和银行存款日记账；
4. 根据经济业务完善空白原始凭证；
5. 根据经济业务内容和原始凭证，编制记账凭证；
6. 对会计凭证进行审核；
7. 根据审核无误的记账凭证，登记现金日记账、银行存款日记账和各明细分类账；
8. 根据记账凭证进行"T"账户登记，编制科目汇总表（全月1次汇总）；
9. 根据科目汇总表登记总分类账；
10. 对账、更正错账、结账，编制试算平衡表；
11. 编制会计报表、纳税申报表；
12. 将会计凭证加封面，装订成册，归档保管。

三、相关知识

（一）工业企业及其特点

工业企业是指依法成立的，从事工业商品生产经营活动，经济上实行独立核算、自负盈亏，法律上具有法人资格的经济组织。工业企业的经济活动包括供应、生产和销售三个经营过程。在生产过程中，一方面发生各种生产耗费，如原料及主要材料、辅助材料、燃料、动力、固定资产折旧费、支付工资和职工福利，以及其他各种支出；另一方面生产出产品。

（二）工业企业的成本核算

1. 原材料的核算。材料在生产过程中被人们用来加工，构成产品的实体，是产品价值的重要组成部分。会计人员对工业企业材料核算的依据主要有收料凭证和发料凭证。材料计价有两种方法：实际成本法、计划成本法。实际成本下应设置"在途物资"和"原材料"账户。采用计划成本计价核算，对材料核算设置的会计账户有"原材料""材料采购""材料成本差异"账户。

2. 产品成本的核算。成本核算一般需要设置"生产成本""制造费用"账户。"生产成本"账户核算企业进行工业性生产所发生的各项生产费用。该账户应设置"基本生产成本"和"辅助生产成本"两个二级账户。"制造费用"账户核算企业为生产产品和提供劳务而发生的各项间接费用。该账户应按不同的车间、部门设置明细账。月终，将制造费用分配计入有关的成本计算对象时，记入本账户及所属明细账的贷方，月末该账户一般无余额。

通过各项费用的归集和分配，工业企业基本车间在生产过程中发生的各项费用，已经集中反映在"生产成本——基本生产成本"账户及明细账的借方，这些都是本月发生的产品的费用，并不是本月完工产成品成本。要计算本月产成品成本，还要将本月发生的产品费用，加上月初在产品成本，然后再将其在本月完工产品和月末在产品之间进行划分，以求得本月产成品成本。

企业生产经营领用原材料，按实际成本或计划成本，

借：生产成本、制造费用、销售费用、管理费用

  贷：原材料

企业实际发生的各项直接生产费用，

借：生产成本——基本生产成本

  贷：原材料、应付职工薪酬、库存现金、银行存款等

企业发生制造费用时，

借：制造费用

  贷：银行存款、原材料、其他应付款、应付职工薪酬、累计折旧等

月终，将企业各生产车间应负担的制造费用，分别计入有关产品成本时，

借：生产成本——基本生产成本（辅助生产成本）

  贷：制造费用

企业生产完成验收入库的产成品，按实际成本，

借：库存商品

贷：生产成本
　结转出售产品成本时，
借：主营业务成本
　　贷：库存商品

（三）工业企业的税收及会计处理

　　工业企业缴纳的税费主要有增值税、消费税、城市维护建设税、教育费附加、土地使用税、房产税、车船税、印花税以及所得税等。有关业务如下：
　　企业从外部购入材料时，根据发票账单等票据，
借：在途物资／材料采购
　　应交税费——应交增值税
　　贷：应付账款、应付票据、银行存款等
　　基建工程、福利等部门领用的原材料，按实际成本加上不予抵扣的增值税额等，
借：在建工程
　　贷：原材料
　　　　应交税费——应交增值税（进项税额转出）（按不予抵扣的增值税额）
　　出售原材料，
借：银行存款、应收账款等
　　贷：其他业务收入
　　　　应交税费——应交增值税（销项税额）
　　产品销售收入在确认时，
借：应收账款、应收票据、银行存款等
　　贷：主营业务收入
　　　　应交税费——应交增值税（销项税额）
　　需要缴纳消费税、资源税、城市维护建设税、教育费附加等税费的，在月份终了时，
借：营业税金及附加
　　贷：应交税费——应交消费税
（或应交资源税、应交城市维护建设税、教育费附加等）
　　计算所得税时，
借：所得税费用
　　贷：应交税费——应交所得税
　　计算房产税、土地使用税、车船税时，
借：管理费用
　　贷：应交税费——应交房产税（土地使用税、车船税）
　　计算缴纳印花税时，

借：管理费用
　　贷：银行存款

四、实训资料

（一）实训公司基本情况

1. 公司简介

企业名称：宁波甬英服饰有限公司

纳税人识别号：11022319666

企业地址、电话：宁波中山大厦 16 号 82251666

开户银行及账号：工行中山分理处 11022319886666

法人代表：马英

企业性质：有限责任公司，工业企业，一般纳税人

经营范围：服装的生产与加工

经营方式：生产

注册资本：50 万元。其中宁波湘甬商贸有限公司出资人民币 20 万元，占比 40%；马英出资人民币 30 万元，占比 60%。

公司发展：12 月筹建期，第 2 年 1 月开始生产。

2. 公司组织架构

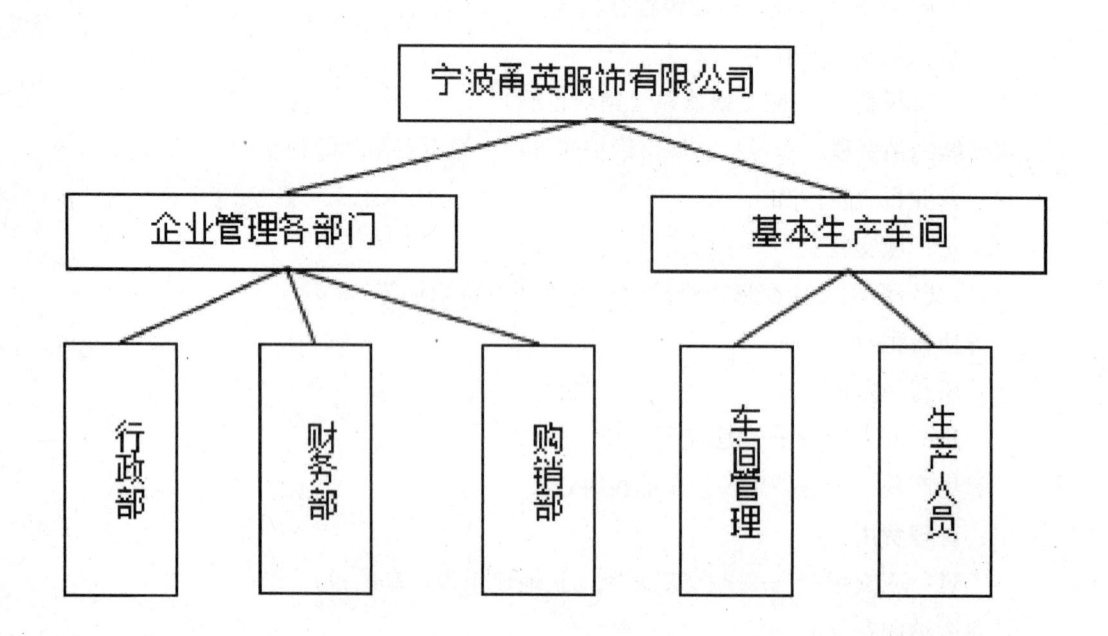

```
            宁波甬英服饰有限公司
            /              \
     企业管理各部门          基本生产车间
      /    |    \            /      \
   行政部 财务部 购销部     车间管理  生产人员
```

（二）实训公司内部会计制度有关规定

1. 公司执行《企业会计准则》及相关规定
2. 筹建期间的费用计入管理费用
3. 成本核算方法

（1）企业设置一个基本生产车间，生产男式休闲服、女式休闲服两种产品，以产品品种为成本计算对象，设置直接材料、直接人工、制造费用三个成本项目。

（2）原材料系开始生产时一次投入，材料发出按加权平均法进行计算。

（3）人工费用按各产品计划工时标准分配。

（4）车间间接费用先通过"制造费用"科目归集，核算车间管理人员的职工薪酬、办公费、水电费、机物料消耗、租金等，月末按各产品当月计划工时定额进行分配。

（5）月末完工产成品和在产品之间的费用分配采用约当产量法。

（6）库存商品的收发按实际成本核算。产品出库收到车间交货填制入库单、售出产成品填制出库单。产成品的入库和出库，平时只登记数量不登记金额，入库产成品的实际成本根据月末产成品成本计算表进行登记，售出商品的实际成本按月末一次加权平均法计算。

4. 主要税种及税率

税 种	税 率	计 算 公 式
增值税	17%	
城市维护建设税	7%	应纳流转税额×7%
教育费附加	3%	应纳流转税额×3%
地方教育费附加	2%	应纳流转税额×2%
企业所得税	25%	按季结算
个人所得税	7级超额累进税率	

5. 会计核算形式

公司采用的会计核算形式为科目汇总表核算形式，图（略）。

（三）业务事项

1. 2016年12月20日，宁波湘甬商贸有限公司投入资金200000元，马英投入资金300000元，存入公司基本存款账户。

2. 2017年1月5日，收到工行结付利息80元。

3. 2017年1月5日，在开户银行购买现金支票、转账支票各1本，电汇单、进账单各2本，费用48元，费用直接从银行账户划扣。

4. 2017年1月15日，出纳填制现金支票一张，提取现金8000元，作为公司备用。

5. 2017年1月15日，支付公司办证费用等共计3000元。经审批后由财务部当天签发银行转账支票支付款项。

6. 2017年1月15日，支付浙江神州投资公司1月租金20000元，其中办公室租金5000元，仓库及设备租金15000元，押金20000元。经审批后由财务部当天签发银行转账支票支付款项。

7. 2017年1月16日，向宁波天虹纺织品有限公司采购休闲服面料一批，增值税专用发票上标明价款200000元，增值税34000元，仓库王新验收合格入库，购销部周露申请支付该笔款项，经审批后由财务部当天签发银行转账支票支付款项。

8. 2017年1月16日，向宁波宏科服装辅料厂采购拉链、衬布等辅料一批，增值税专用发票上标明价款20000元，增值税3400元，仓库王新验收合格入库，购销部周露申请支付该笔款项，经审批后由财务部当天签发银行转账支票支付款项。

9. 2017年1月18日，生产部门领用材料一批生产服饰，经审批后，仓库发出材料。

10. 2017年1月28日，产品完工入库。

11. 2017年1月30日，仓库根据销售部已审批的销售单发出商品，增值税普通发票上注明货款200000元，增值税34000元，价税合计234000元，款项尚未收到。

12. 2017年1月31日，仓库根据销售部已审批的销售单配送宁波湘甬商贸有限公司订单商品，增值税专用发票上注明货款90000元，增值税15300元，价税合计105300元，销售款当日银行收到。

13. 2017年1月31日，计提本月员工工资。

14. 2017年1月31日，计提本月水电费。

15. 2017年1月31日，分配本月制造费用。

16. 2017年1月31日，结转男、女休闲服产品成本。

17. 2017年1月31日，结转本月产品销售成本。

18. 2017年1月31日，计算本月应交增值税。

19. 2017年1月31日，计提本月应交附加税。

20. 2017年1月31日，结转损益。

21. 编制科目汇总表。

22. 编制财务报表。

23. 编制纳税申报表。

（四）附件

表 6-1-1

中国工商银行　进账单（收账通知）

2016 年 12 月 20 日　　　　　第　号

付款人	全称	宁波湘甬商贸有限公司	收款人	全称	宁波甬英服饰有限公司									
	账号	11022319881210		账号	11022319886666									
	开户银行	工行中山分理处		开户银行	工行中山分理处									
人民币（大写）	贰拾万元整				千	百	十	万	千	百	十	元	角	分
							¥	2	0	0	0	0	0	0
票据种类					收款人开户行盖章									

注：1.解入票据须候收妥后方可用款
2.本联于款项收妥后代收账通知

表 6-1-2

中国工商银行　现金缴款单（回单）

2016年12月20日

缴款单位	全称	宁波甬英服饰有限公司	款项来源	马英投资款								
	账号	11022319886666	缴款部门									
金额	人民币（大写）叁拾万元整				百	十	万	千	百	十	元	角	分
						¥	3	0	0	0	0	0	0
券别	张数	券别	张数	收款银行盖章								
				经办人								

表 6-2

中国工商银行

利息入账通知
2017年01月05日

传票号： 99901966

付款人：工行中山分理处
计息账号：11022319886666
收款户名：宁波甬英服饰有限公司
收款账号：11022319886666
利息金额大写：（人民币）捌拾元整
利息金额小写：RMB 80.00
活期存款积数：58,987.66　　利率：0.72000
协定存款积数：0.00　　　　　利率：0.00000

（中国工商银行 2017.01.05 转讫）

表 6-3

中国工商银行领用空白凭证收费单
2017年 01月 05日

单位名称：宁波甬英服饰有限公司　　账号：11022319886666

凭证名称	领用凭证号码	单价	数量	金额
转账支票	003401 - 003475	16.00	中国工商银行	16 00
现金支票	005626 - 005700	16.00	中山分理处	16 00
进账单		4.00	2	8 00
电汇单		4.00	2 收讫	8 00
人民币（大写）肆拾捌元整				¥48 00

主管：　　　复核：　　　记账：

表 6-4

```
┌─────────────────────────────────────┐
│  中国工商银行现金支票存根（浙）     │
│  支票号码： X VI19561126001          │
│  附加信息 _____    │
│           _____    │
│           _____    │
│                                     │
│  出票日期 2017年01月15日            │
│                                     │
│  ┌─────────────────────────────┐   │
│  │ 收款人：宁波甬英服饰有限公司 │   │
│  │ 金  额：￥8000.00            │   │
│  │ 用  途：备用                 │   │
│  └─────────────────────────────┘   │
│     单位主管 马英    会计 秦勇      │
└─────────────────────────────────────┘
```

表 6-5-1

3302153320	宁波增值税专用发票	NO 23556881
机器编号：	发 票 联	开票日期：2017年01月15日

购买方	名　　称：宁波甬英服饰有限公司 纳税人识别号：11022319666 地址、电话：宁波中山大厦16号 82251666 开户行及账号：工行中山分理处 11022319666	密码区	略

货物或应税劳务、服务名称	规格型号	单位	数量	单价	金额	税率	税额
服务费					2830.19	6%	169.81

价税合计（大写）	叁仟元整	（小写）￥3000.00

销售方	名　　称：宁波科达会计师事务所 纳税人识别号：3302231959858 地址、电话：宁波东方大厦1楼 89685888 开户行及账号：建行解放南路分理处 11022319222565	备注	校验码

收款人：张武　　复核：于瑶　　开票人：张武

表6-5-2

宁波增值税专用发票

第二联：发票联 购买方记账凭证

抵扣联

机器编号：3302153320

NO 23556881

开票日期：2017年01月15日

购买方	名称：宁波甬英服饰有限公司 纳税人识别号：11022319666 地址、电话：宁波中山大厦16号82251666 开户行及账号：工行中山分理处11022319666

货物或应税劳务、服务名称	规格型号	单位	数量	单价	金额	税率	税额
服务费					2830.19	6%	169.81

价税合计（大写） 叁仟元整   （小写）¥3000.00

销售方	名称：宁波科达会计师事务所 纳税人识别号：33022319595858 地址、电话：宁波东方大厦1楼89685888 开户行及账号：建行解放南路分理处11022319222565	备注

收款人：张武　　复核：于莲　　开票人：张武　　销售方：（章）

税总函〔2015〕362号 上海东港安全印刷有限公司

表 6-5-3

```
中国工商银行转账支票存根（浙）
支票号码：  X VI29561155651
附加信息
_____
_____
_____

出票日期 2017年01月15日

收款人：宁波科达会计师事务所
金    额：￥3000.00
用    途：服务费

单位主管 马英   会计 秦勇
```

表 6-6-1

```
中国工商银行转账支票存根（浙）
支票号码：  X VI29561155001
附加信息
_____
_____
_____

出票日期 2017年01月15日

收款人：浙江神州投资公司
金    额：￥40000.00
用    途：租金、押金

单位主管 马英   会计 秦勇
```

表 6-6-2

租金使用分配表

2017 年 01 月 15 日

使用部门	应分配比例(%)	应分配金额	备 注
行政部、财务部	20		
销售部	10		
基本生产车间	70		
合计	100		

表 6-6-3

浙江省企业单位统一收据
03-3856816

收 据 联
2017年01月15日

交款单位：宁波甬英服饰有限公司

人民币(大写) 贰万元整　　　　　　　　　　￥20000.00

系 付　　房屋押金

现金	
支票	√
付委	

收款单位(盖章有效)　　　财务　于军　　　经手人　张熙

表 6-6-4

宁波增值税专用发票

3302153320　　　　　　　　　　　　　　　NO 23654782

机器编号：　　　发 票 联　　　开票日期：2017年01月15日

购买方	名称：宁波甬英服饰有限公司 纳税人识别号：11022319666 地址、电话：宁波中山大厦16号 82251666 开户行及账号：工行中山分理处 11022319666	密码区	略

货物或应税劳务、服务名称	规格型号	单位	数量	单价	金额	税率	税额
租赁费					18018.02	11%	1981.98

价税合计(大写)　贰万元整　　　　　　　(小写)￥20000.00

销售方	名称：浙江神州投资公司 纳税人识别号：220223193362 地址、电话：宁波甬宁西路1号 88665555 开户行及账号：工行中山分理处 11022319996655	备注	校验码

收款人：王新　　复核：李明　　开票人：王新　　销售方：(章)

表 6-6-5

宁波增值税专用发票 抵扣联

发票代码：3302153320 NO 23654782
开票日期：2017年01月15日

购买方	名称：宁波甬英服饰有限公司 纳税人识别号：11022319666 地址、电话：宁波中山大厦16号 82251666 开户行及账号：工行中山分理处 11022319666	密码区	略

货物或应税劳务、服务名称	规格型号	单位	数量	单价	金额	税率	税额
租赁费					18018.02	11%	1981.98

价税合计（大写）：贰万元整 （小写）¥20000.00

销售方	名称：浙江神州投资公司 纳税人识别号：2202231933362 地址、电话：宁波甬宁路1号 88665555 开户行及账号：工行中山分理处 11022319996655	备注	校验码

收款人：王新　复核：李明　开票人：王新　销售方：（章）

表 6-7-1

宁波增值税专用发票 发票联

发票代码：3302204355 NO 24567853
开票日期：2017年01月16日

购买方	名称：宁波甬英服饰有限公司 纳税人识别号：11022319666 地址、电话：宁波中山大厦16号 82251666 开户行及账号：工行中山分理处 11022319666	密码区	略

货物或应税劳务、服务名称	规格型号	单位	数量	单价	金额	税率	税额
涤棉混纺布	150cm	kg	2000	60	120000	17%	20400
人棉横条布	150cm	kg	1600	50	80000	17%	13600
合计					200000		34000

价税合计（大写）：贰拾叁万肆仟元整 （小写）¥234000.00

销售方	名称：宁波天虹纺织品有限公司 纳税人识别号：2202231976456 地址、电话：宁波金汇大厦16号 88851557 开户行及账号：建行解放分理处 110223198 6812	备注	校验码

收款人：李宇　复核：王丽　开票人：李宇　销售方：（章）

表 6-7-2

3302204355	宁波增值税专用发票	NO 24567853
机器编号：	抵 扣 联	开票日期：2017年01月16日

购买方	名　　称：宁波甫英服饰有限公司 纳税人识别号：11022319666 地址、电话：宁波中山大厦16号 82251666 开户行及账号：工行中山分理处 11022319666	密码区	略

货物或应税劳务、服务名称	规格型号	单位	数量	单价	金额	税率	税额
涤棉混纺布	150cm	kg	2000	60	120000.00	17%	20400.00
人棉横条布	150cm	kg	1600	50	80000.00	17%	13600.00
合计					200000.00		34000.00

价税合计（大写）　贰拾叁万肆仟元整　　　　　　（小写）¥234000.00

销售方	名　　称：宁波天虹纺织品有限公司 纳税人识别号：2202231976456 地址、电话：宁波金汇大厦16号 88851557 开户行及账号：建行解放分理处 1102231986812	备注	校验码

收款人：李宇　　复核：王丽　　开票人：李宇　　销售方：（章）

税总函〔2015〕302号 上海税盾实业印制有限公司
第三联：抵扣联 购买方抵扣凭证

表 6-7-3

中国工商银行转账支票存根（浙）

支票号码：　X Ⅵ29561155002

附加信息

出票日期　2017年01月16日

收款人：宁波天虹纺织品有限公司
金　额：¥234000.00
用　途：材料款

单位主管　马英　　会计　秦勇

表 6-7-4

收 料 单

供货单位：宁波天虹纺织品有限公司　　　　　　　　　　NO. 2097001
发票号码：05381456　　　2017 年 01 月 16 日　　收货仓库：_____

材料名称及规格	单位	数　量		实际成本	
		应收	实收	单价	金额
涤棉混纺布	kg	2000	2000	60	120000
人棉横条布	kg	1600	1600	50	80000
合　计					200000

质量检验：李晓明　　　　　　　收料：王红　　　　　　　制单：王红

表 6-8-1

中国工商银行转账支票存根（浙）

支票号码：　X Ⅵ29561155003

附加信息 _____

_____

_____

出票日期　2017年01月16日

收款人：宁波志科服装辅料厂
金　额：￥23400.00
用　途：辅料款

单位主管　马英　　会计　秦勇

表 6-8-2

宁波增值税专用发票

第三联 发票联 购买方记账凭证

机器编号：3302153320　　　　　　NO 2674154

开票日期：2017年01月16日

购买方	名称：宁波甫美眼饰有限公司
	纳税人识别号：11022319666
	地址、电话：宁波中山大厦16号 82251666
	开户行及账号：工行中山办理处 11022319666

密码区：略

货物或应税劳务、服务名称	规格型号	单位	数量	单价	金额	税率	税额
拉链		根	10000	1	10000.00	17%	1700.00
其他辅料		批	10000	1	10000.00	17%	1700.00
合计					20000.00		3400.00

价税合计（大写）：贰万叁仟肆佰元整　　　（小写）￥23400.00

销售方	名称：宁波宏科眼装辅料厂
	纳税人识别号：22022319976452
	地址、电话：宁波金汇大厦10号 88851222
	开户行及账号：建行解放分理处 11022319985612

备注：（章：发票专用章）

收款人：汤灿　　复核：王雷　　开票人：汤灿　　销售方：（章）

税总函〔2015〕362号 上海东港安全印刷有限公司

表 6-8-3

3302153320	宁波增值税专用发票		NO 2674154
机器编号：	抵 扣 联		开票日期：2017年01月16日

购买方	名　　　称：宁波甬英服饰有限公司 纳税人识别号：11022319666 地　址、电　话：宁波中山大厦16号 82251666 开户行及账号：工行中山分理处 11022319666	密码区	略

货物或应税劳务、服务名称	规格型号	单位	数量	单价	金额	税率	税额
拉链		根	10000	1	10000.00	17%	1700.00
其他辅料		批	10000	1	10000.00	17%	1700.00
合计					20000.00		3400.00

价税合计（大写）	贰万叁仟肆佰元整	（小写）¥23400.00

销售方	名　　　称：宁波宏科服装辅料厂 纳税人识别号：2202231976452 地　址、电　话：宁波金汇大厦10号 88851222 开户行及账号：建行解放分理处 1102231985612	备注	校验码

收款人：汤灿　　　复核：王茜　　　开票人：汤灿　　　销售方：（章）

表 6-8-4

收 料 单

供货单位：宁波宏科服装辅料厂　　　　　　　　　　　　NO. 2097002
发票号码：5381235　　　　2017年01月16日　　　收货仓库：_____

材料名称及规格	单位	数量		实际成本	
		应收	实收	单价	金额
拉链	根	10000	10000	1	10000
衬布等	批				10000
合　计					20000

质量检验：李晓明　　　　　　收料：王红　　　　　　制单：王红

表 6-9-1

领 料 单

NO. 0020001

领料部门：基本生产车间　　　2017 年 01 月 18 日　　　发料仓库：　材料仓库

产品名称	男式休闲服		计划数量		1200	
材料名称及规格	单位	单位定额	数量		加权平均价	金　额
			请领	实领		
涤棉混纺布	kg	1.5	1800	1800	60	108000
拉链	根	5	6000	6000	1	6000
其他辅料						6000
合　计						120000

仓库主管：刘元　　　　发料人：王红　　　　　　　领料人：江海

表 6-9-2

产 品 入 库 单

单位：		2017 年 01 月 18 日		编号：
产品名称	单位	应交库数量	实收数量	备注
男式休闲服	件	1200	1000	有 200 件完成 50%
女式休闲服	件	800	800	
合计		2000	1800	
制单：				验收：

表 6-10

领 料 单

NO. 0020002

领料部门：基本生产车间　　2017年01月28日　　发料仓库：材料仓库

产品名称	女式休闲服		计划数量	800		
材料名称及规格	单位	单位定额	数量		加权平均价	金额
			请领	实领		
人棉横条布	kg	1.5	1200	1200	50	60000
拉链	根	3	2400	2400	1	2400
其他辅料						4000
合　计						66400

仓库主管：刘元　　发料人：王红　　领料人：江海

表 6-11-1

3302153328	宁波增值税专用发票			NO 28255635		
机器编号：	记　账　联			开票日期：2017年10月30日		
购买方	名　　称：宁波湘雨商贸有限公司 纳税人识别号：1102231976318 地　址、电话：宁波中山大厦16号 61251220 开户行及账号：工行中山分理处 11022319881210			密码区	略	
货物或应税劳务、服务名称	规格型号	单位	数量	单价	金额	税率	税额
男式休闲服	566	件	1000	200	200000.00	17%	34000.00
价税合计（大写）	贰拾叁万肆仟元整			（小写）￥234000.00		
销售方	名　　称：宁波甬英服饰有限公司 纳税人识别号：11022319666 地　址、电话：宁波中山大厦16号 82251666 开户行及账号：工行中山分理处 11022319666			校验码		
收款人：周宁　　复核：王军　　开票人：方平　　销售方：（章）						

表 6-11-2

产 品 出 库 单

第 0 1 号

2017 年 01月 30 日

名称	单位	数量	单价	金额 百十万千百十元角分	备注
男式休闲服	件	1000	200	2 0 0 0 0 0 0 0	(不含税)
合计				¥ 2 0 0 0 0 0 0 0	

主管　　会计　　　　质检员　　　保管员：赵 飞　　经手人：高莹莹

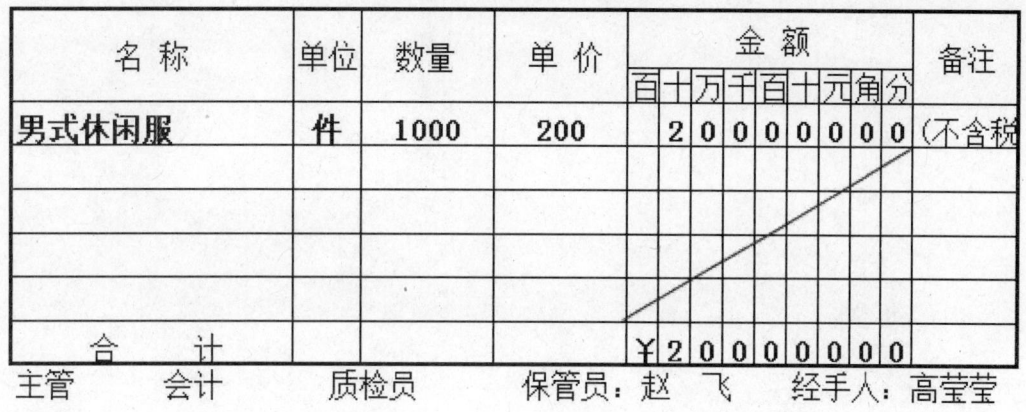

表 6-12-1

3302153328	宁波增值税专用发票	NO 22895466
机器编号：	记 账 联	开票日期：2017年01月31日

购买方	名　称：宁波湘雨商贸有限公司 纳税人识别号：1102231976318 地址、电话：宁波中山大厦 16号 61251220 开户行及账号：工行中山分理处 11022319881210	密码区	略

货物或应税劳务、服务名称	规格型号	单位	数量	单价	金额	税率	税额
女式休闲服		件	600	150	90000.00	17%	15300.00

价税合计（大写）	壹拾万零伍仟叁佰元整	（小写）¥105300.00

销售方	名　称：宁波甬英服饰有限公司 纳税人识别号：11022319666 地址、电话：宁波中山大厦 16号 82251666 开户行及账号：工行中山分理处 11022319666	备注	校验码

收款人：周宁　　复核：王军　　开票人：方平　　销售方：（章）

第一联：记账联 销售方记账凭证

表 6-12-2

产　品　出　库　单

第 02 号

2017 年 01 月 31 日

名　称	单位	数量	单价	金　额 百 十 万 千 百 十 元 角 分	备注
女式休闲服	件	600	150	9 0 0 0 0 0 0	(不含税)
合　　计				￥ 9 0 0 0 0 0 0	

主管　　会计　　　　质检员　　　　保管员：赵　飞　　　　经手人：高莹莹

表 6-12-3

中国工商银行　进账单（收账通知）

2017 年 01 月 31 日　　　　　　　　第　号

付款人	全　称	宁波湘甬商贸有限公司	收款人	全　称	宁波甬英服饰有限公司
	账　号	11022319881210		账　号	11022319886666
	开户银行	工行中山分理处		开户银行	工行中山分理处

人民币（大写）	壹拾万零伍仟叁佰元整	千 百 十 万 千 百 十 元 角 分 　　　1 0 5 3 0 0 0 0
票据种类		收款人开户行盖章

注：1.解入票据须俟收妥后方可用款
　　2.本联于款项收妥后代收账通知

表 6-13

工资费用分配表
2017 年 01 月 31 日

产品名称	投产数量	在产品约当产量	完工数量	单耗工时定额	计划工时定额	小时工资	应分配费用
男式休闲服	1200	100	1000	4	4400	10	44000
女式休闲服	800	0	800	3	2400		24000
产品合计	2000	100	1800		6800		68000
车间管理人员							6000
公司管理人员							12000
销售人员							4000
合计							90000

表 6-14

水电费分配表

2017 年 01 月 31 日

部门	应分配费用
生产部	5000
管理部	800
销售部	200
合计	6000

表 6-15

制造费用分配表

2017 年 01 月 31 日

产品名称	投产数量	在产品约当产量	完工数量	单耗工时定额	计划工时定额	制造费用分配率	应分配费用
男式休闲服	1200	100	1000	4	4400		
女式休闲服	800	0	800	3	2400		
合计	2000		1800		6800		

表 6-16-1

成本计算表（男式休闲服）

2017 年 01 月 31 日

成本项目	直接材料	直接人工	制造费用	合　计
月初在产品成本				
本月发生费用				
合计				
完工产品数量（件）	1000	1000	1000	
月末在产品约当产量				
费用分配率				
完工产品成本				
完工产品单位成本				
月末在产品成本				

表 6-16-2

成本计算表（女式休闲服）

2017 年 01 月 31 日

成本项目	直接材料	直接人工	制造费用	合　计
月初在产品成本				
本月发生费用				
合计				
完工产品数量（件）	800	800	800	
月末在产品约当产量				
费用分配率				
完工产品成本				
完工产品单位成本				
月末在产品成本				

表 6-17

产品销售成本计算汇总表
2017 年 01 月 31 日

产品	销售数量	单位成本	销售成本	备注
男式休闲服				
女式休闲服				
合计				

表 6-18

未交增值税计算表
2017 年 01 月 31 日

项目	栏次	金额
本期销项税额		
本期实际可以抵扣的进项税额		
本期应纳税额		

表 6-19

附加税计算表
2017 年 01 月 31 日

项目	计税基数	税率	税额
城建税			
教育费附加			
地方教育费附加			
合计			

表 6-20

损益类账户发生额汇总表
2017 年 01 月 31 日

科目编码	会计科目	借方发生额	贷方发生额
	主营业务收入		
	小计		
	主营业务成本		
	营业税金及附加		
	销售费用		
	管理费用		
	财务费用		
	小计		

表 6-21

会计科目汇总表

2017年 01 月 31 日

会计科目	方向	期初余额	本期借方发生额	本期贷方发生额	方向	期末余额
合计						

表 6-22-1

资 产 负 债 表

年 月 日

编制单位： 单位：元

资产	行次	期末余额	年初余额
流动资产	1		
货币资金	2		
交易性金融资产	3		
应收票据	4		
应收账款	5		
预付款项	6		
应收利息	7		
应收股利	8		
其他应收款	9		
存货	10		
一年内到期的非流动资产	11		
其他流动资产	12		
流动资产合计	13		
非流动资产：	14		
可供出售金融资产	15		
持有至到期投资	16		
长期应收款	17		
长期股权投资	18		
投资性房地产	19		
固定资产	20		
在建工程	21		
工程物资	22		
固定资产清理	23		
生产性生物资产	24		
油气资产	25		
无形资产	26		
开发支出	27		
商誉	28		
长期待摊费用	29		
递延所得税资产	30		
其他非流动资产	31		
非流动资产合计	32		
资产总计	33		

表 6-22-2

资 产 负 债 表（续）

年 月 日

编制单位：　　　　　　　　　　　　　　　　　　　单位：元

负债和所有者权益	行次	期末余额	年初余额
流动负债	34		
短期借款	35		
交易性金融负债	36		
应收票据	37		
应收账款	38		
预付款项	39		
应付职工薪酬	40		
应交税费	41		
应付利息	42		
应付股利	43		
其他应付款	44		
一年内到期的非流动负债	45		
其他流动负债	46		
流动负债合计	47		
非流动负债：	48		
长期借款	49		
应付债券	50		
长期应付款	51		
专项应付款	52		
预计负债	53		
递延所得税负债	54		
其他非流动负债	55		
非流动负债合计	**56**		
负债合计	**57**		
所有者权益	58		
实收资本	59		
资本公积	60		
减：库存股	61		
专项储备	62		
盈余公积	63		
未分配利润	64		
所有者权益合计	65		
负债和所有者权益合计	**66**		

法定代表人　　　　　会计机构负责人　　　　制表人

表 6-22-3

利 润 表

年 月 日

编制单位： 单位：元

项　　　目	行　次	本 期 金 额	上 期 金 额
一、营业收入	1		
减：营业成本	2		
营业税金及附加	3		
销售费用	4		
管理费用	5		
财务费用	6		
资产减值损失	7		
加：公允价值变动收益	8		
投资收益	9		
其中：对联营企业和合营企业的投资收益	10		
二、营业利润	11		
加：营业外收入	12		
减：营业外支出	13		
其中：非流动资产处置损失	14		
三、利润总额	15		
减：所得税费用	16		
四、净利润	17		

法定代表人　　　　　　　　会计机构负责人　　　　　　　　制表人

表 6-22-4

现 金 流 量 表
年　月　日

编制单位：

项目	本期金额
一、经营活动产生的现金流量：	
销售商品、提供劳务收到的现金	
收到的税费返还	
收到的其他与经营活动有关的现金	
现金流入小计	
购买商品、接受劳务支付的现金	
支付给职工以及为职工支付的现金	
支付的各项税费	
支付的其他与经营活动有关的现金	
现金流出小计	
经营活动产生的现金流量净额	
二、投资活动产生的现金流量：	
收回的投资所收到的现金	
取得投资收益收到的现金	
处置固定资产、无形资产和其他长期资产而收到的现金净	
收到的与其他投资活动有关的现金	
现金流入小计	
购建固定资产、无形资产和其他长期资产所支付的现金	
投资所支付的现金	
支付的与其他投资活动有关的现金	
现金流出小计	
投资活动产生的现金流量净额	
三、筹资活动产生的现金流量：	
吸收投资所收到的现金	
借款所收到的现金	
收到的与其他筹资活动有关的现金	
现金流入小计	
偿还债务所支付的现金	
分配股利、利润或偿付利息所支付的现金	
支付的与其他筹资活动有关的现金	
现金流出小计	
筹资活动产生的现金流量净额	
四、汇率变动对现金的影响	
五、现金及现金等价物净增加额	

表 6-23-1

纳 税 申 报 表

纳税编码：
　　纳税人识别码：　　　　　　　税款所属日期：　年　月　日至　年　月　日

金额单位：元（列至角分）

纳税人名称		地　　址		经济性质		电话	
开户银行		帐　　号		职工人数			
产品（货物、劳务）销售收入		应纳增值税		应纳消费税			
自开票纳税人开票金额		自开票纳税人抵扣金额		自开票纳税人相抵余额			

序号	税　种	征收项目	计征依据	税（费）率（额）	应纳税（费）额	其中：经批准减免额	经批准缓交额	实际应入库额
1	营业税							
2	其中：1.							
3	2.							
4	城市维护建设税							
5	教育费附加							
6	地方教育费附加							
7	代扣代缴个人所得税							
8	其中：1.							
9	2.							
10	3.							
11	文化事业建设费							
12	水利建设专项资金							
13	土地增值税							
14	印花税	购销合同（核定比例）%						
15	资源税							
16	合计							
17	残疾人就业保障金	上期职工平均人数	计征标准	应纳保障金额	其中：经批准抵扣额	经批准减免额	实际应入库额	

纳税人声明：本表所填数据真实、完整、愿意承担法律责任			如委托代理填报，由代理人填写以下各栏		
会计主管（签章）	办税人员（签章）	纳税单位（人）（签章）　申报日期：　年　月　日	代理人名称		代理人（签章）　年月日
			代理人地址		
			经办人	电话	

以下有税务机关填写				说明：1、缴纳增值税的纳税人，应附有经国税部门审核的增值税纳税申报表。本表一式三份，二份于月度终了十五日内报送主管税务机关，一份由纳税人留存。须附《扣缴个人所得税报告表》。
收到申报表日期		接收人		
完税凭证号码		完税日期		

宁 波 地 方 税 务 局 监 制

表 6-23-2

增值税纳税申报表

根据《中华人民共和国增值税暂行条例》和《交通运输业和部分现代服务业营业税改征增值税试点实施办法》的规定制定本表。纳税人不论有无销售额，均应按主管税务机关核定的纳税期限按期填报本表，并向当地税务机关申报。

税款所属时间：自 年 月 日 至 年 月 日　　填表日期：年 月 日　　　　金额单位：元至角分

纳税人识别号					
纳税人名称	（公章）	法定代表人姓名		注册地址	营业地址
开户银行及账号		企业登记注册类型			电话号码

项　目		栏次	一般货物及劳务和应税服务		即征即退货物及劳务和应税服务	
			本月数	本年累计	本月数	本年累计
销售额	（一）按适用税率征税销售额	1				
	其中：应税货物销售额	2				
	应税劳务销售额	3				
	纳税检查调整的销售额	4				
	（二）按简易征收办法征税销售额	5				
	其中：纳税检查调整的销售额	6				
	（三）免、抵、退办法出口销售额	7			——	——
	（四）免税销售额	8				
	其中：免税货物销售额	9				
	免税劳务销售额	10				
税款计算	销项税额	11				
	进项税额	12				
	上期留抵税额	13				
	进项税额转出	14				
	免、抵、退应退税额	15				
	按适用税率计算的纳税检查应补缴税额	16				
	应抵扣税额合计	17=12+13-14-15+16			——	——
	实际抵扣税额	18（如17<11，则为17，否则为11）				
	应纳税额	19=11-18				
	期末留抵税额	20=17-18			——	——
	简易征收办法计算的应纳税额	21				
	按简易征收办法计算的纳税检查应补缴税额	22				
	应纳税额减征额	23				
	应纳税额合计	24=19+21-23				
税款缴纳	期初未缴税额（多缴为负数）	25				
	实收出口开具专用缴款书退税额	26			——	——
	本期已缴税额	27=28+29+30+31				
	①分次预缴税额	28			——	——
	②出口开具专用缴款书预缴税额	29			——	——
	③本期缴纳上期应纳税额	30				
	④本期缴纳欠缴税额	31				
	期末未缴税额（多缴为负数）	32=24+25+26-27				
	其中：欠缴税额（≥0）	33=25+26-27			——	——
	本期应补（退）税额	34=24-28-29				
	即征即退实际退税额	35				
	期初未缴查补税额	36				
	本期入库查补税额	37				
	期末未缴查补税额	38=16+22+36-37				

授权声明	如果你已委托代理人申报，请填写下列资料： 为代理一切税务事宜，现授权 （地址） 为本纳税人的代理申报人，任何与本申报表有关的往来文件，都可寄予此人。 授权人签字：	申报人声明	此纳税申报表是根据《中华人民共和国增值税暂行条例》的规定填报的，我相信它是真实的、可靠的、完整的。 声明人签字：

以下由税务机关填写：

收到日期：　　　　　　　　　　　　　　接收人：　　　　　　主管税务机关盖章：

任务三
餐饮服务业会计业务循环实训

一、学习目标

1. 了解餐饮服务业的特点；
2. 掌握餐饮业成本、税收等会计核算的全过程；
3. 结合餐饮服务业与商业企业之间的投资关系、购销关系的训练，转换会计主体，理解不同行业的核算差异。

二、任务描述

1. 熟悉企业会计制度和企业的各种财务制度；
2. 开设总分类账户；
3. 开设明细分类账户、现金日记账和银行存款日记账；
4. 根据经济业务完善空白原始凭证；
5. 根据经济业务内容和原始凭证，编制记账凭证；
6. 对会计凭证进行审核；
7. 根据审核无误的记账凭证，登记现金日记账、银行存款日记账和各明细分类账；
8. 根据记账凭证进行"T"账户登记，编制科目汇总表（全月1次汇总）；
9. 根据科目汇总表登记总分类账；
10. 对账、更正错账、结账，编制试算平衡表；
11. 编制会计报表、纳税申报表；
12. 将会计凭证加封面，装订成册，归档保管。

三、相关知识

（一）餐饮服务业及其特点

餐饮业、旅游业和服务业统称服务业，是第三产业的重要组成部分，它们均是以服务设施为条件，以向消费者提供劳动服务为特征的服务性行为。

餐饮服务业与其他企业会计相比，具有以下特点。

1. 会计核算的特殊方法

餐饮旅游服务业具有劳动服务、生产加工、商品零售三种职能，在会计核算上就必须区分业务性质，结合工业、商业的会计核算方法进行核算。餐饮旅游服务业虽然也生产加工产品，但由于它对质量标准和技艺要求繁复，在会计核算上生产企业很难像工业企业那样，按产品逐次逐件进行完整的成本计算，一般只能核算经营单位或经营种类耗用原材料的总成本，以及营业收入和各项费用支出。

2. 收入和费用分布结构不同

餐饮服务业由专门从业人员提供带有艺术性的劳动，以及运用与之相适应的设备和工具为主要服务内容。在会计核算上，需要反映按规定收费标准所取得的营业收入和服务过程中开支的各项费用以及加工过程中耗用的原材料成本。

3. 自制产品与外购商品分别核算

为了分别掌握自制产品和外购商品的经营结果，加强对自制产品的核算与管理，经营外购商品销售业务的部门，还要对自制产品和外购商品分别进行核算，既要按照工业核算自制产品，又要按商业核算外购商品。

4. 会计核算具有复杂性

餐饮旅游服务业具有综合性，既有客房出租、组织旅游、餐饮服务、商品零售，又有会议室出租、喜庆宴会、导游服务，还有汽车出租、洗衣、电话电传、理发美容、健美娱乐等服务项目。会计核算上有工业会计、商业会计、成本会计、租赁会计、餐饮会计、服务会计、交通会计等各种形式，形成餐饮旅游服务业会计核算的方法体系。

5. 会计核算格外要求快捷、准确、灵活

餐饮服务业的服务对象多为零散客人，也常有团体客人。由于经营服务项目和食品花色品种繁多，交易次数频繁，每次交易量和交易金额较少，结账方式多种多样，客人在消费地逗留时间较短、流动较快，接受服务时间不固定，这就要求会计核算要快捷、准确。另外，旅游、餐饮服务多数商品具有不可挽回性和不可储存性等特点，所以会计核算要灵活掌握。

6. 涉外的旅行社、宾馆和饭店等企业在会计核算时，应按照外汇管理条例和外汇兑换管理办法，办理外汇存入、转出和结算的业务。有外汇业务的企业，应采用复币记账，核算外币和人民币，计算汇兑损益。

（二）餐饮业务的成本等会计处理

餐饮业，它是把自己加工、烹制的餐饮品直接出售给消费者，如各种类型的酒家、餐厅、饭馆、冷饮店等。

1. 餐饮业原材料的核算

原材料是制作餐饮制品不可缺少的条件，餐饮制品中原材料种类繁多、用途各异。

包括：主食类、副食类、干货类、调味品类等。餐饮业原材料增加的主要途径是通过采购。原材料采购通过"原材料"账户进行核算。

原材料购入时，

借：原材料 ——粮食类

　　应交税费 ——应交增值税（进项税额）　　（一般纳税人适用）

　贷：库存现金、银行存款、应付账款等

2. 餐饮制品成本的核算

餐饮制品的成本包括所耗用的原材料，即组成餐饮制品的主料、配料和调料三大类。

由于餐饮制品品种繁多、数量零星、现做现卖、生产和销售紧密相连，一般不能按食品逐次逐件进行成本计算，所以，产品成本的计算方法应与生产特点和管理要求相适应。餐饮制品的成本就是耗用的原材料成本，故餐饮制品的成本核算方法与原材料领用核算方法相一致。

1) 永续盘存制

此法适用于实行领料制的餐饮企业，因为如原材料的耗用实行领料制，则所领用的原材料月末不一定全部被耗用，还会有一些在制品和未出售的制成品；同样，月初还会有已领未用的原材料、在制品及尚未出售的制成品。因此，应对未耗用的原材料、在制品和未售出的制成品进行盘点，并编制厨房原材料、在制品、制成品盘存表，并以此作为退料的依据来计算实际耗用额凭以结转成本。其计算公式如下：

耗用原材料成本＝厨房月初结存额＋本月领用额－厨房月末盘存额

厨房月初原材料结存额和本月领用原材料数额，应从"原材料"或"主营业务成本"账户的有关项目中得出。厨房月末原材料盘存额应按盘存表计算得出。

2) 实地盘存制

此法适用于没有条件实行领料制的餐饮企业。在平时领用原材料时，不填写领料单，不进行账务处理，月末将厨房剩余材料、在制品、制成品的盘点金额加上库存原材料的盘存金额，而后倒挤出耗用的原材料成本。其计算公式如下：

本月耗用原材料成本＝原材料月初仓库和厨房结存额＋本月购进总额－月末仓库和厨房盘存总额

采用这种方法，虽手续简便，但因平时材料出库无据可查，会将一些材料的丢失、浪费、贪污计入主营业务成本，不利于加强企业管理、降低成本和维护消费者利益。相比之下，采用"永续盘存制"计算产品成本，虽然手续烦琐，却因材料出库有据可查，对耗费材料的成本计算就能比较准确，从而有利于加强企业管理、降低产品成本和维护消费者的利益。

3. 餐饮业营业收入、成本的核算

餐饮业在当天营业结束后，由收款员汇总编制"营业收入日报表"与所收现金一并交财会部门。或由收款人自行填写现金解款单存至银行，凭银行解款单回单向财会部门报账。

结算时收回余款。

借：银行存款、应收账款、预收账款等

　　贷：主营业务收入

　　　　应交税费——应交增值税（销项税额）

餐饮业的营业成本包括原材料成本、人工成本以及其他直接费用。由于各种材料一般都是多批购进，每批购进的单价常会因季节、调价等原因而各不相同，因此，在发出原材料时应先确定其单价。通常发出材料的计价方法有个别计价法、加权平均法和先进先出法等。

餐饮企业发出原材料时，

借：主营业务成本

　　贷：原材料

计算服务人员工资时或发生其他直接费用时，

借：主营业务成本

　　贷：应付职工薪酬、银行存款等

（三）餐饮业的税收及会计处理

餐饮业缴纳的税费主要有增值税、城市维护建设税、教育费附加、房产税、土地使用税、车船税、印花税以及企业所得税等。有关业务如下：

需要缴纳城市维护建设税、教育费附加等税费的，在月份终了时，

借：营业税金及附加

　　贷：应交税费——应交城市维护建设税、教育费附加等

计算所得税时，

借：所得税费用

　　贷：应交税费——应交所得税

计算房产税、土地使用税、车船税时，

借：管理费用

　　贷：应交税费——应交房产税（土地使用税、车船税）

计算缴纳印花税时，

借：管理费用

　　贷：银行存款

有关税收政策：

财税〔2016〕36 号《关于全面推开营业税改征增值税试点的通知》规定，经国务院批准，自 2016 年 5 月 1 日起，在全国范围内全面推开营业税改征增值税（以下称营改增）

试点,建筑业、房地产业、金融业、生活服务业等全部营业税纳税人,纳入试点范围,由缴纳营业税改为缴纳增值税。在中华人民共和国境内(以下称境内)销售服务、无形资产或者不动产(以下称应税行为)的单位和个人,为增值税纳税人,应当按照《营业税改征增值税试点实施办法》缴纳增值税,不缴纳营业税。

销售服务,是指提供交通运输服务、邮政服务、电信服务、建筑服务、金融服务、现代服务、生活服务。

1. 交通运输服务,是指利用运输工具将货物或者旅客送达目的地,使其空间位置得到转移的业务活动。包括陆路运输服务、水路运输服务、航空运输服务和管道运输服务。

2. 邮政服务,是指中国邮政集团公司及其所属邮政企业提供邮件寄递、邮政汇兑和机要通信等邮政基本服务的业务活动。包括邮政普遍服务、邮政特殊服务和其他邮政服务。

3. 电信服务,是指利用有线、无线的电磁系统或者光电系统等各种通信网络资源,提供语音通话服务,传送、发射、接收或者应用图像、短信等电子数据和信息的业务活动。包括基础电信服务和增值电信服务。

4. 建筑服务,是指各类建筑物、构筑物及其附属设施的建造、修缮、装饰,线路、管道、设备、设施等的安装以及其他工程作业的业务活动。包括工程服务、安装服务、修缮服务、装饰服务和其他建筑服务。

5. 金融服务,是指经营金融保险的业务活动。包括贷款服务、直接收费金融服务、保险服务和金融商品转让。

6. 现代服务,是指围绕制造业、文化产业、现代物流产业等提供技术性、知识性服务的业务活动。包括研发和技术服务、信息技术服务、文化创意服务、物流辅助服务、租赁服务、鉴证咨询服务、广播影视服务、商务辅助服务和其他现代服务。

7. 生活服务,是指为满足城乡居民日常生活需求提供的各类服务活动。包括文化体育服务、教育医疗服务、旅游娱乐服务、餐饮住宿服务、居民日常服务和其他生活服务。

财税〔2015〕34号《财政部 国家税务总局关于小型微利企业所得税优惠政策的通知》规定,为了进一步支持小型微利企业发展,自2015年1月1日至2017年12月31日,对年应纳税所得额低于20万元(含20万元)的小型微利企业,其所得减按50%计入应纳税所得额,按20%的税率缴纳企业所得税。

四、实训资料

(一) 实训公司基本情况

1. 公司简介

企业名称:宁波宁南餐饮有限公司

纳税人识别号：2202231972262

企业地址、电话：宁波中山西路1号 88552222

开户银行及账号：工行中山分理处 11022319886622

法人代表：刘明

企业性质：有限责任公司，服务业

经营范围：餐饮服务

经营方式：服务

注册资本：50万元。其中宁波湘甬商贸有限公司出资人民币30万元，占比60%；刘明出资人民币20万元，占比40%。

公司发展：12月筹建期，第2年1月开始对外营业。

2. 公司组织架构

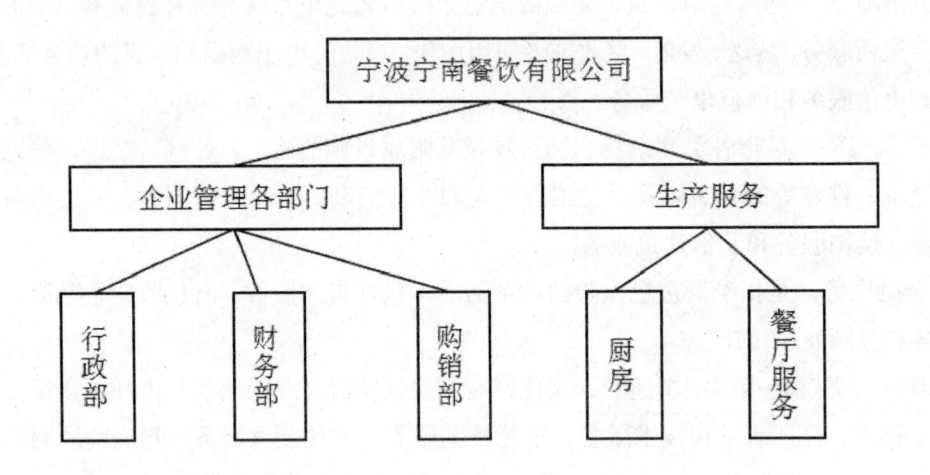

```
               宁波宁南餐饮有限公司
                  /          \
        企业管理各部门        生产服务
        /    |    \          /     \
     行政部 财务部 购销部    厨房   餐厅服务
```

（二）实训公司内部会计制度有关规定

1. 公司执行《企业会计准则》及相关规定。

2. 筹建期间的费用计入管理费用。

3. 成本核算方法。

（1）主营业务成本核算餐馆当月投入的各种原材料及调料、烟酒的累计数，月末通过实地盘点未使用的部分倒挤出的材料成本，另外包括厨房和餐厅经理及服务员的工资奖金以及直接的场地、水电费、洗涤等费用支出。

（2）周转材料——低值易耗品记录餐厅使用的价值低、能多次使用的工作服等，摊销采用五五摊销法。

（3）原材料记录加工菜肴的原料及主要材料，如肉、蔬菜、米、油、调料、燃气等；库存商品核算餐厅可以直接对外销售的烟酒饮料等。

4. 长期待摊费用核算租入房屋装修工程开支，在5年内按月直线摊销

5. 主要税种及税率。

公司为小规模纳税人，主要税种和税率如下表：

税　种	税　率	计算公式
增值税	3%	征收率
城市维护建设税	7%	应纳流转税额×7%
教育费附加	3%	应纳流转税额×3%
地方教育费附加	2%	应纳流转税额×2%
企业所得税	20%	小微企业优惠税率，核定征收，按收入的10%计算应纳税所得额

6. 会计核算形式。

公司采用的会计核算形式为科目汇总表核算形式，图（略）。

（三）业务事项

1. 2016年12月20日，宁波湘甬商贸有限公司投入资金300000元，刘明投入资金200000元，存入公司基本存款账户。

2. 2017年1月5日，收到工行结付利息80元。

3. 2017年1月5日，在开户银行购买现金支票、转账支票各1本，电汇单、进账单各2本，费用48元，费用直接从银行账户划扣。

4. 2017年1月6日，出纳填制现金支票一张，提取现金5000元，作为公司备用。

5. 2017年1月8日，支付公司办证费用等共计3000元。经审批后，出纳转账付讫。

6. 2017年1月8日，支付浙江神州投资公司1月门面租金20000元，押金20 000元。经审批后由财务部当天签发银行转账支票支付款项。

7. 2017年1月8日，购买家具用品一批，经审批后由财务部当天签发银行转账支票支付款项。

8. 2017年1月8日，支付购买工作服一批费用，经审批后，出纳转账支付。

9. 2017年1月8日，支付宁波南园装饰有限公司装修款60000元，经审批后，出纳转账支付。

10. 2017年1月8日，购买洗洁精等清洁用品一批2000元，经审批后，出纳转账支付。

11. 2017年1月10日，支付开业庆典费用，经审批后，出纳现金支付。

12. 2017年1月10日，购入烟酒一批，款项暂欠。

13. 2017年1月20日，汇总计算10~20日营业收入。注：每日现金收入存入银行。营业收入日报表（略）。

14. 2017年1月20日，汇总计算10~20日购买原材料（肉类、鱼类、蔬菜类、大米和食用油等）费用，与供应商结算，肉类、鱼类、蔬菜类以转账支付，大米、食用油、调料款项暂欠。

15. 2017年1月25日，收到张鑫交来的订餐订金。

16. 2017年1月27日，收到张鑫交来的餐费余款。注：凭发票存根入账。

17. 2017年1月30日，与宁波湘甬商贸有限公司结算，宁波湘甬商贸有限公司本月共计消费20000元，开具发票，款项尚未收到。

18. 2017年1月31日，收到宁波湘甬商贸有限公司销售款。

19. 2017年1月31日，计提本月员工工资。

20. 2017年1月31日，计提本月水电费。

21. 2017年1月31日，摊销酒店装修费用。

22. 2017年1月31日，摊销低值易耗品。

23. 2017年1月31日，汇总计算21~31日营业收入。每日现金收入存入银行。营业收入日报表（略）。

24. 2017年1月31日，汇总计算21~31日购买原材料（肉类、鱼类、蔬菜类、大米和食用油等）费用，与供应商结算，肉类、鱼类、蔬菜类以转账支付，大米和食用油款项暂欠。

25. 2017年1月31日，厨房月末盘点，结算本月原材料成本。

26. 2017年1月31日，结算本月烟酒成本。

27. 2017年1月31日，计提本月应交增值税及其附加税。

28. 2017年1月31日，计提本月应交所得税。

29. 2017年1月31日，开具支票支付大米家欣粮店和东柳食杂店欠款。

30. 2017年1月31日，结转损益。

31. 编制科目汇总表。

32. 编制财务报表。

33. 编制本月纳税申报表。

（四）附件

表 7-1-1

中国工商银行　进账单（收账通知）

2016 年 12 月 20 日　　　　　第 1 号

付款人	全称	宁波湘甬商贸有限公司	收款人	全称	宁波宁南餐饮有限公司
	账号	11022319881210		账号	11022319886622
	开户银行	工行中山分理处		开户银行	工行中山分理处

人民币（大写）	叁拾万元整		千	百	十	万	千	百	十	元	角	分
		¥	3	0	0	0	0	0	0	0	0	0

票据种类		

中国工商银行
2016.12.20

收款人开户行盖章

注：
1. 解入票据须俟收妥后方可用款
2. 本联于款项收妥后代收账通知

表 7-1-2

中国工商银行　现金缴款单　　（回　单）　　1

2016 年 12 月 20 日

缴款单位	全称	宁波宁南餐饮有限公司	款项来源	刘明投资款
	账号	11022319886622	缴款部门	

金额	人民币（大写）贰拾万元整	亿	千	百	十	万	千	百	十	元	角	分
						¥ 2	0	0	0	0	0	0

券别	张数	券别	张数	收款银行盖章
				经办人

表 7-2

中国工商银行
利息入账通知
2017年1月5日

传票号： 999015222

付款人：工行中山分理处
计息账号：11022319886666
收款户名：宁波宁南餐饮有限公司
收款账号：11022319886666
利息金额大写：（人民币）捌拾元整
利息金额小写：RMB 80.00
活期存款积数：58,987.66　　　利率：0.72000
协定存款积数：0.00　　　　　　利率：0.00000
摘要：结息

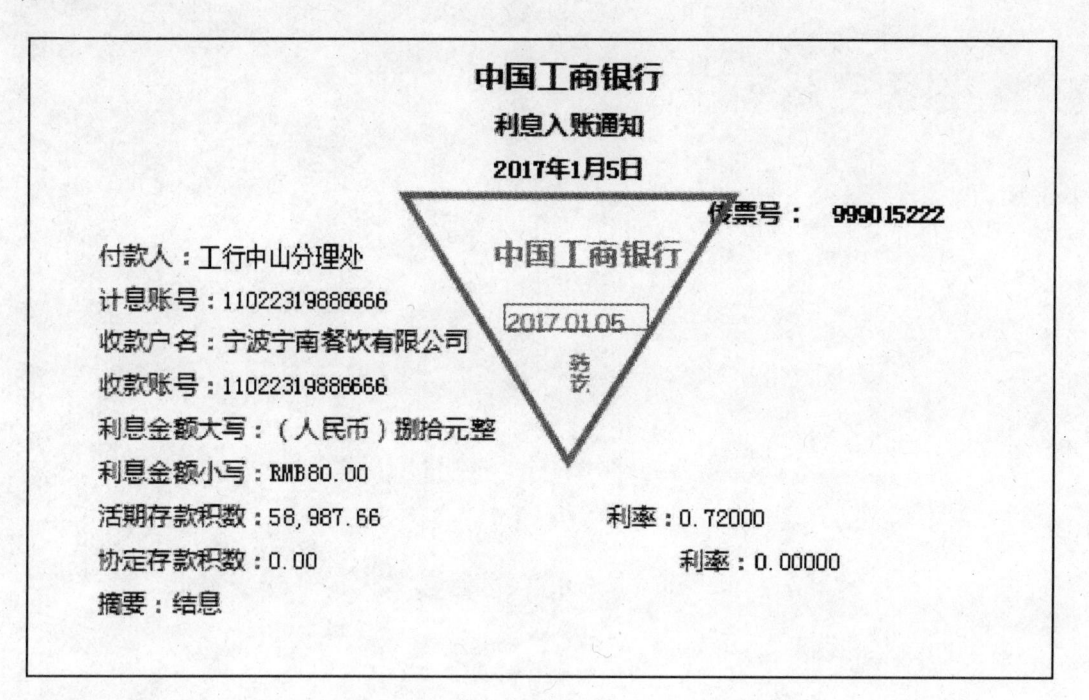

表 7-3

中国工商银行领用空白凭证收费单
2017年 01月 05日

单位名称：宁波宁南餐饮有限公司　　　账号：11022319886666

凭证名称	领用凭证号码	单价	数量	金额（千百十万千百十元角分）
转账支票	003401 - 003475	16.00	1	1 6 0 0
现金支票	005626 - 005700	16.00	1	1 6 0 0
进账单		4.00	2	8 0 0
电汇单		4.00	2	8 0 0

人民币（大写）肆拾捌元整　　　　　　　　　　　　¥ 4 8 0 0

主管：　　　　　复核：　　　　　记账：

表 7-4

```
中国工商银行现金支票存根（浙）
支票号码：  X V329561155001
附加信息
_____
_____
_____

出票日期  2017年01月06日

收款人：宁波宁南餐饮有限公司
金  额：￥5000.00
用  途：备用

单位主管 刘明    会计 忻云
```

表 7-5-1

3302153320	宁波增值税普通发票					NO 35478261		
机器编号：	发票联					开票日期：2017年01月8日		

购买方
名　　称：宁波宁南餐饮有限公司
纳税人识别号：2202231972262
地　址、电话：宁波中山西路1号 88552222
开户行及账号：工行中山分理处 11022319886622

密码区：略

货物或应税劳务、服务名称	规格型号	单位	数量	单价	金额	税率	税额
服务费					2912.62	3%	87.38

价税合计（大写） 叁仟元整   （小写）￥3000.00

销售方
名　　称：宁波诚信会计服务公司
纳税人识别号：2202231973336
地　址、电话：宁波中山东路100号 88552233
开户行及账号：工行中山分理处 11022319887766

备注：校验码

收款人：李丽　　复核：张三　　开票人：李丽　　销售方：(章)

税总函（2015）362号 上海东港安全印刷有限公司

第二联：发票联 购买方记账凭证

表 7-5-2

中国工商银行转账支票存根（浙）
支票号码：XVI29561155002
附加信息

出票日期 2017年01月08日

收款人：浙江神州投资公司
金额：￥40000.00
用途：租金、押金
单位主管 刘明 会计 听云

表 7-6-1

中国工商银行转账支票存根（浙）
支票号码：XVI29561155001
附加信息

出票日期 2017年1月8日

收款人：宁波诚信会计服务公司
金额：￥3000.00
用途：服务费
单位主管 刘明 会计 听云

表 7-6-2

租金使用分配表

2017 年 01 月 08 日

使用部门	应分配金额	使用部门	应分配金额
行政部、财务部	4 000.00	厨房、酒店大厅	16 000.00
小计	4 000.00	小计	16 000.00
合计	人民币大写贰万元整	￥20000.00	

表 7-6-3

3302153320	宁波增值税普通发票				NO 36542152	
机器编号：					开票日期：2017 年 01 月 08 日	
购买方	名　　称：宁波宁南餐饮有限公司 纳税人识别号：2202231972262 地　址、电话：宁波中山西路1号 88552222 开户行及账号：工行中山分理处 11022319886622				密码区	略
货物或应税劳务、服务名称	规格型号	单位	数量	单价	金额	税率	税额
租赁费					19047.62	5%	952.38
价税合计（大写）	贰万元整				（小写）￥20000.00	
销售方	名　　称：浙江神州投资公司 纳税人识别号：2202231933362 地　址、电话：宁波涌宁西路1号 88665555 开户行及账号：工行中山分理处 11022319996655				备注	校验码
收款人：张武		复核：周西		开票人：张武	销售方：（章）	

表 7-7-1

3302153320	宁波增值税普通发票	NO 38549723
机器编号：	发 票 联	开票日期：2017年01月08日

<table>
<tr><td rowspan="4">购买方</td><td>名　　称：</td><td colspan="4">宁波宁南餐饮有限公司</td><td rowspan="4">密码区</td><td colspan="3" rowspan="4">略</td></tr>
<tr><td>纳税人识别号：</td><td colspan="4">2202231972262</td></tr>
<tr><td>地 址、电 话：</td><td colspan="4">宁波中山西路1号 88552222</td></tr>
<tr><td>开户行及账号：</td><td colspan="4">工行中山分理处 11022319886622</td></tr>
<tr><td colspan="2">货物或应税劳务、服务名称</td><td>规格型号</td><td>单位</td><td>数量</td><td>单价</td><td>金额</td><td>税率</td><td>税额</td></tr>
<tr><td colspan="2">家具用品</td><td></td><td>批</td><td>1</td><td></td><td>85470.09</td><td>17%</td><td>14529.91</td></tr>
<tr><td colspan="2">价税合计（大写）</td><td colspan="3">壹拾万元整</td><td colspan="4">（小写）￥100000.00</td></tr>
<tr><td rowspan="4">销售方</td><td>名　　称：</td><td colspan="4">宁波鸿运酒店用品有限公司</td><td rowspan="4">备注</td><td colspan="3" rowspan="4">校验码</td></tr>
<tr><td>纳税人识别号：</td><td colspan="4">2202231956324</td></tr>
<tr><td>地 址、电 话：</td><td colspan="4">宁波中山西路125号 88557777</td></tr>
<tr><td>开户行及账号：</td><td colspan="4">工行中山分理处 11022320006622</td></tr>
<tr><td colspan="2">收款人：张科</td><td colspan="3">复核：谢冰</td><td colspan="2">开票人：张科</td><td colspan="3">销售方：（章）</td></tr>
</table>

表 7-7-2

货物验收清单

2017年01月 08日

品名	单位	数量	单价	金额	使用场所	类别	使用年限
计算机	台	4	4000	16000	大堂、总台、办公室	固定资产	3
冰柜	台	3	5000	15000	餐厅、厨房、大堂	固定资产	5
空调	台	4	5000	20000	餐厅、厨房、大堂、办公室	固定资产	5
小计				51000			
厨具、碗碟	批	1	30000	30000	厨房	低值易耗品	
餐台、座椅	套	30	600	18000	餐厅	低值易耗品	
办公桌	张	5	200	1000	办公室	低值易耗品	
小计				49000			
合计				100000			

复核：忻云　　　　　制表：王晓丽

表 7-7-3

中国工商银行转账支票存根（浙）
支票号码： X VI29561155003
附加信息

出票日期 2017年01月08日

收款人：	宁波鸿运酒店用品有限公司
金　额：	人民币 100000.00
用　途：	酒店用品款

单位主管 刘明　　会计 听云

表 7-8-1

中国工商银行转账支票存根（浙）
支票号码： X VI29561155004
附加信息

出票日期 2017年01月08日

收款人：	宁波华艺服饰有限公司
金　额：	人民币 2000.00
用　途：	工作服

单位主管 刘明　　会计 听云

表 7-8-2

3302153320	宁波增值税普通发票	NO 36524184
机器编号：	发票联	开票日期：2017年01月08日

税总函（2015）362号上海东港安全印刷有限公司

购买方：
- 名　　称：宁波宁南餐饮有限公司
- 纳税人识别号：2202231972262
- 地　址、电　话：宁波中山西路1号 88552222
- 开户行及账号：工行中山分理处 11022319886622

密码区：略

货物或应税劳务、服务名称	规格型号	单位	数量	单价	金额	税率	税额
工作服		批	1		1709.40	17%	290.60

价税合计（大写）：贰仟元整　　（小写）￥2000.00

销售方：
- 名　　称：宁波华艺服饰有限公司
- 纳税人识别号：11022319586
- 地　址、电　话：宁波中山大厦16号 82285236
- 开户行及账号：工行中山分理处 11022314632

备注：校验码

收款人：王玉　　复核：郑正　　开票人：王玉　　销售点：（章）

第二联：发票联 购买方记账凭证

表 7-9-1

中国工商银行转账支票存根（浙）

支票号码：XV129561155005

附加信息

出票日期 2017年01月08日

收款人：宁波南园装饰有限公司

金　额：￥60000.00

用　途：装修费

单位主管 刘明　　会计 忻云

表 7-9-2

宁波增值税普通发票

发票代码：3302153320　　NO 398457125

机器编号：　　发票联　　开票日期：2017年01月08日

购买方	名　　称：宁波宁南餐饮有限公司 纳税人识别号：2202231972262 地址、电话：宁波中山西路1号 88552222 开户行及账号：工行中山分理处 11022319886622	密码区	略

货物或应税劳务、服务名称	规格型号	单位	数量	单价	金额	税率	税额
装修工程					58252.43	3%	1747.57

价税合计（大写）　陆万元整　　（小写）¥60000.00

销售方	名　　称：宁波南园装饰有限公司 纳税人识别号：2202236662262 地址、电话：宁波庄市路50号 85553222 开户行及账号：工行中山分理处 11022319886655	备注	校验码

收款人：李娟　　复核：张达　　开票人：李娟　　销售方：（章）

表 7-10-1

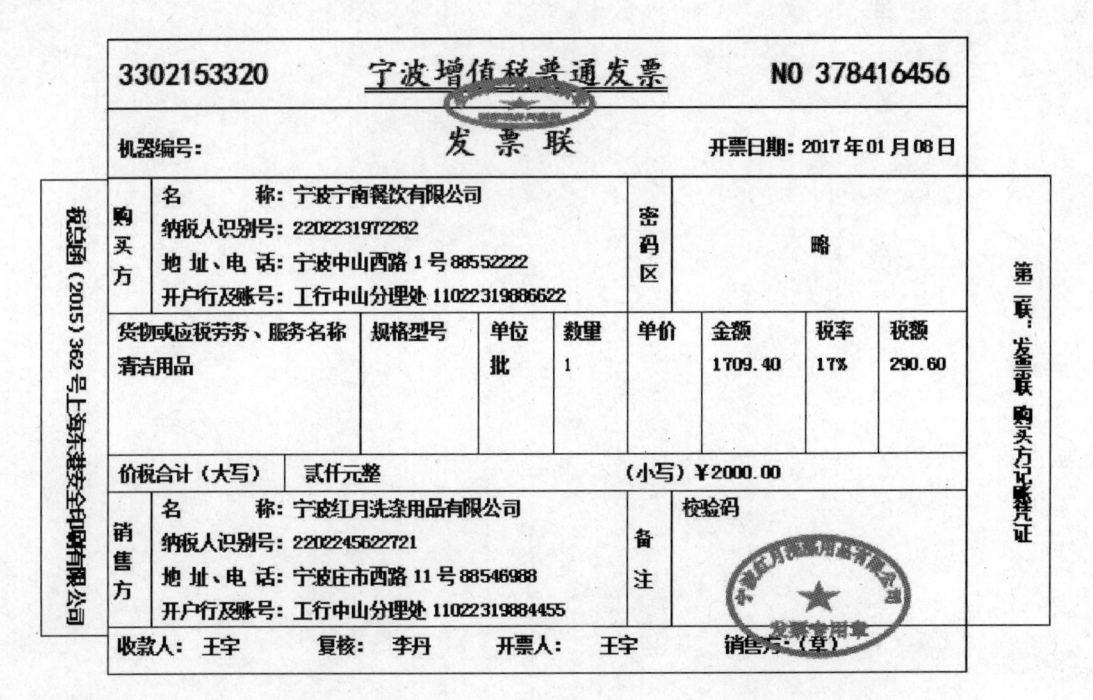

宁波增值税普通发票

发票代码：3302153320　　NO 378416456

机器编号：　　发票联　　开票日期：2017年01月08日

购买方	名　　称：宁波宁南餐饮有限公司 纳税人识别号：2202231972262 地址、电话：宁波中山西路1号 88552222 开户行及账号：工行中山分理处 11022319886622	密码区	略

货物或应税劳务、服务名称	规格型号	单位	数量	单价	金额	税率	税额
清洁用品		批	1		1709.40	17%	290.60

价税合计（大写）　贰仟元整　　（小写）¥2000.00

销售方	名　　称：宁波红月洗涤用品有限公司 纳税人识别号：2202245622721 地址、电话：宁波庄市西路11号 88546988 开户行及账号：工行中山分理处 11022319884455	备注	校验码

收款人：王宇　　复核：李丹　　开票人：王宇　　销售方：（章）

表 7-10-2

中国工商银行转账支票存根（浙）
支票号码： X VI29561155006
附加信息

出票日期 2016年01月08日

收款人：宁波红月洗涤用品有限公司
金　额：￥2000.00
用　途：洗洁精

单位主管 刘明　会计 忻云

表 7-11

3302153320	宁波增值税普通发票	NO 38547127

机器编号：　　　　发票联　　　开票日期：2017年01月10日

购买方	名　称：宁波宁南餐饮有限公司 纳税人识别号：2202231972262 地址、电话：宁波中山西路1号88552222 开户行及账号：工行中山分理处11022319886622	密码区	略

货物或应税劳务、服务名称	规格型号	单位	数量	单价	金额	税率	税额
礼品		批	1		854.70	17%	145.30
		现金付讫					

价税合计（大写）　壹仟元整　　　　　　（小写）￥1000.00

销售方	名　称：宁波金凤礼品有限公司 纳税人识别号：2202231994225 地址、电话：宁波涌江西路15号88443333 开户行及账号：工行中山分理处11022319886688	校验码	（宁波金凤礼品有限公司 发票专用章）

收款人：王宇　　复核：李宇　　开票人：王宇　　销售方：(章)

表 7-12

3302153320		宁波增值税普通发票			NO 39612478		
机器编号：		发 票 联			开票日期：2017年01月10日		
购买方	名　　称：宁波宁南餐饮有限公司 纳税人识别号：2202231972262 地　址、电　话：宁波中山西路1号 88552222 开户行及账号：工行中山分理处 11022319886622				密码区	略	
货物或应税劳务、服务名称	规格型号	单位	数量	单价	金额 1709.40 5128.21	税率 17% 17%	税额 290.60 871.79
烟 酒 合计		批 批	1 1		6737.61		1162.39
价税合计（大写）	捌仟元整			（小写）￥8000.00			
销售方	名　　称：宁波宏宇烟酒有限公司 纳税人识别号：2202241997556 地　址、电　话：宁波中山南路12号 88558888 开户行及账号：工行中山分理处 11022319776622				校验码 备注		
收款人：冯丽		复核：项晶		开票人：冯丽		销售方：（章）	

表 7-13

营业日报汇总表
2017年01月10～20日

结算	早餐	中餐	晚餐	外卖	合计	备注
现金		40000	60000		100000	已存入银行
支票						
刷卡						
其中：						
长城卡						
牡丹卡						
合计		40000	60000		100000	

表 7-14-1

```
中国工商银行转账支票存根（浙）
支票号码： X VI29561155007
附加信息


出票日期 2017年01月20日

收款人：东宇菜场
金　额：￥40000.00
用　途：材料

单位主管 刘明  会计 忻云
```

表 7-14-2

货物验收清单（汇总）

2017年01月10～20日

品名	单位	数量	单价	金额	类别	送货单位
肉类				15000	原材料	东宇菜场
鱼类				10000	原材料	东宇菜场
蔬菜类				15000	原材料	东宇菜场
合计				40000		

复核：忻云　　　　　制表：王晓丽

表 7-14-3

货物验收清单（汇总）

2017 年 01 月 10～20 日

品名	单位	数量	单价	金额	类别	送货单位
大米				5000	原材料	家欣粮店
食用油、调料				5000	原材料	东柳食杂店
合计				10000		

复核：忻云　　　　　　　制表：王晓丽

表 7-15

浙江省企业单位统一收据　　03-56231619

记 账 联

2017 年 01 月 25 日

交款单位：张鑫

人民币(大写) 壹仟元整　　　　　　　￥1000.00

系 付　　定金　　　　现金收讫

现金	✓
支票	
付委	

收款单位(盖章有效)　　　　　　　财务　马英
经手人　王宇

表 7-16-1

浙江省企业单位统一收据　　03-56231619

记 账 联

2017年01月27日

交款单位：张鑫

人民币(大写) 壹仟元整　　　现金收讫　　　￥1000.00

系 付　餐费

现金	√
支票	
付委	

收款单位(盖章有效)　　　　　财务　马英
经手人　王宇

表 7-16-2

3302153328	宁波增值税普通发票	NO 345213211

记 账 联

机器编号：　　　　　　　　　　开票日期：2017年01月25日

购买方	名　称： 张鑫	密码区	略
	纳税人识别号：		
	地址、电话：		
	开户行及账号：		

货物或应税劳务、服务名称	规格型号	单位	数量	单价	金额	税率	税额
餐费					1941.75	3%	58.25

价税合计（大写）　贰仟元整　　　　　（小写）￥2000.00

销售方	名　称： 宁波宁南餐饮有限公司	校验码
	纳税人识别号： 2202231972262	
	地址、电话： 宁波中山西路1号 88552222	
	开户行及账号： 工行中山分理处 11022319886622	

收款人：王宇　　复核：李琪　　开票人：王宇　　销售发票专用章

表 7-17

3302153328	宁波增值税普通发票				NO 345213212		
机器编号：		记 账 联			开票日期：2017年01月30日		
购买方	名　　　称：宁波湘甬商贸有限公司 纳税人识别号：1102231976318 地 址、电 话：宁波中山大厦 16 号 61251220 开户行及账号：工行中山分理处 11022319881210				密码区	略	
货物或应税劳务、服务名称	规格型号	单位	数量	单价	金额	税率	税额
餐费					19417.48	3%	582.52
价税合计（大写）	贰万元整			（小写）¥20000.00			
销售方	名　　　称：宁波宁南餐饮有限公司 纳税人识别号：2202231972262 地 址、电 话：宁波中山西路 1 号 88552222 开户行及账号：工行中山分理处 11022319886622				备注	校验码	
收款人：王云		复核：李干		开票人：王云		销售方：（章）	

表 7-18

中国工商银行　进账单（收账通知）

2017 年 01 月 31 日　　　　　第　1　号

付款人	全　称	宁波湘甬商贸有限公司	收款人	全　称	宁波宁南餐饮有限公司
	账　号	11022319881210		账　号	11022319886622
	开户银行	工行中山分理处		开户银行	工行中山分理处

人民币（大写）	贰万元整	千	百	十	万	千	百	十	元	角	分
				¥	2	0	0	0	0	0	0

票据种类	
	收款人开户行盖章

注：1. 解入票据款项俟收妥后方可用款
2. 本联于款项收妥后代收账通知

表 7-19

工资分配汇总表
2017 年 01 月 31 月

部门	人数	工资	奖金	合计
管理部门	2	5000		5000
厨房	6	12000		12000
大堂	8	15000		15000
合计	16	32000		32000

表 7-20

水电费分配表
2017 年 01 月 31 月

部门	应分配费用
生产部	5000
管理部	800
合计	5800

表 7-21

长期待摊费用摊销计算表
2017 年 01 月 31 月

项目	原始发生额	期初数	本期增加	本期摊销	期末数	摊销年限
租入固定资产改良支出	60000					5
其它						

表 7-22

低值易耗品摊销计算表
2017 年 01 月 31 月

项目	原值	摊销额	摊销方法
厨具、碗碟	30000		五五摊销法
餐台、座椅	18000		
办公桌	1000		
工作服	2000		
小计	51000		

表 7-23

营业日报汇总表
2017 年 01 月 21～31 日

结算	早餐	中餐	晚餐	外卖	合计	备注
现金		60000	90000		150000	已存入银行
支票						
刷卡						
其中：						
长城卡						
牡丹卡						
小计		60000	90000		150000	
预收款			2000		2000	张鑫
签单			20000		20000	湘甬商贸有限公司
合计		60000	112000		172000	

表 7-24-1

中国工商银行转账支票存根（浙）

支票号码： X VI29561155008

附加信息

出票日期 2017年01月31日

收款人：东宇菜场
金　额：¥50000.00
用　途：材料

单位主管 刘明　会计 忻云

表 7-24-2

货物验收清单（汇总）

2017 年 01 月 21～31 日

品名	单位	数量	单价	金额	类别	送货单位
肉类				20000	原材料	东宇菜场
鱼类				15000	原材料	东宇菜场
蔬菜类				15000	原材料	东宇菜场
合计				50000		

复核：忻云　　　　　　　　制表：王晓丽

表 7-24-3

货物验收清单（汇总）

2017 年 01 月 10～31 日

品名	单位	数量	单价	金额	类别	送货单位
大米				8000	原材料	家欣粮店
食用油、调料				7000	原材料	东柳食杂店
合计				15000		

复核：忻云　　　　　　　　制表：王晓丽

表 7-25-1

盘点表

2017 年 01 月 31 日

品　名	单位	数量	单价	金额	部门
肉类	略	略	略	1000	厨房
鱼类				1000	厨房
蔬菜类				1200	厨房
大米				1300	厨房
食用油、调料				1200	厨房
洗洁精				500	厨房
合计				6200	

复核：忻云　　　　　　　　制表：王晓丽

表 7-25-2

原材料成本计算表

2017 年 01 月 31 日

品 名	期初金额	收入金额	期末盘点金额	发出金额
肉类			1000	
鱼类			1000	
蔬菜类			1200	
大米			1300	
食用油、调料			1200	
洗洁精			500	
合计			6200	

复核：　　　　　　　　　　　制表：

表 7-26-1

原材料盘点表

2017 年 01 月 31 日

品 名	单 位	数 量	单 价	金 额	部 门
烟	略	略	略	600	大堂
酒水				2000	大堂
合计				2600	

复核：　　　　　　　　　　　制表：

表 7-26-2

原材料成本计算表

2017 年 01 月 31 日

品 名	期初金额	收入金额	期末盘点金额	发出金额
烟			600	
酒水			2000	
合计			2600	

复核：　　　　　　　　　　　制表：

表 7-27

增值税附加税计算表
2017 年 1 月 31 日

项　目	计税基数	税　率	税额
城建税		7%	
教育费附加		3%	
地方教育费附加		2%	
合计			

表 7-28

所得税计算表
2017 年 1 月 31 日

项　目	应税收入	应纳税所得	税率	税　额	备　注
企业所得税					应税所得率 10%

表 7-29-1

中国工商银行转账支票存根（浙）

支票号码： X V I29561155009

附加信息

出票日期 2017年01月31日

收款人：家欣粮店

金　额：￥13000.00

用　途：大米

单位主管 刘明　会计 忻云

表 7-29-2

```
┌─────────────────────────────────────┐
│                                     │
│  中国工商银行转账支票存根（浙）      │
│  支票号码： X VI29561155010         │
│  附加信息 _____    │
│                                     │
│  _____             │
│                                     │
│  _____             │
│                                     │
│  出票日期 2017年01月31日             │
│                                     │
│  ┌─────────────────────────────┐   │
│  │ 收款人：东柳食杂店           │   │
│  │ 金　额：￥12000.00           │   │
│  │ 用　途：食用油               │   │
│  └─────────────────────────────┘   │
│                                     │
│  单位主管 刘明  会计 忻云           │
│                                     │
└─────────────────────────────────────┘
```

表 7-30

损益类账户发生额汇总表
2017 年 01 月 31 月

科目编码	会计科目	借方发生额	贷方发生额
	主营业务收入		
	小计		
	主营业务成本		
	营业税金及附加		
	销售费用		
	管理费用		
	财务费用		
	所得税费用		
	小计		

表 7-31

会计科目汇总表

2017年 01 月 31 日

会计科目	方向	期初余额	本期借方发生额	本期贷方发生额	方向	期末余额
合计						

表 7-32-1

资 产 负 债 表

年 月 日

编制单位：　　　　　　　　　　　　　　　　　　　单位：元

资产	行次	期末余额	年初余额
流动资产	1		
货币资金	2		
交易性金融资产	3		
应收票据	4		
应收账款	5		
预付款项	6		
应收利息	7		
应收股利	8		
其他应收款	9		
存货	10		
一年内到期的非流动资产	11		
其他流动资产	12		
流动资产合计	**13**		
非流动资产：	14		
可供出售金融资产	15		
持有至到期投资	16		
长期应收款	17		
长期股权投资	18		
投资性房地产	19		
固定资产	20		
在建工程	21		
工程物资	22		
固定资产清理	23		
生产性生物资产	24		
油气资产	25		
无形资产	26		
开发支出	27		
商誉	28		
长期待摊费用	29		
递延所得税资产	30		
其他非流动资产	31		
非流动资产合计	**32**		
资产总计	**33**		

表 7-32-2

资 产 负 债 表（续）

年　月　日

编制单位：　　　　　　　　　　　　　　　　　　　单位：元

负债和所有者权益	行次	期末余额	年初余额
流动负债	34		
短期借款	35		
交易性金融负债	36		
应收票据	37		
应收账款	38		
预付款项	39		
应付职工薪酬	40		
应交税费	41		
应付利息	42		
应付股利	43		
其他应付款	44		
一年内到期的非流动负债	45		
其他流动负债	46		
流动负债合计	47		
非流动负债：	48		
长期借款	49		
应付债券	50		
长期应付款	51		
专项应付款	52		
预计负债	53		
递延所得税负债	54		
其他非流动负债	55		
非流动负债合计	56		
负债合计	57		
所有者权益	58		
实收资本	59		
资本公积	60		
减：库存股	61		
专项储备	62		
盈余公积	63		
未分配利润	64		
所有者权益合计	65		
负债和所有者权益合计	66		

法定代表人　　　　　　会计机构负责人　　　　制表人

表 7-32-3

利 润 表

年　月　日

编制单位：　　　　　　　　　　　　　　　　　　　　　　　　　　　　单位：元

项　　目	行　次	本 期 金 额	上 期 金 额
一、营业收入	1		
减：营业成本	2		
营业税金及附加	3		
销售费用	4		
管理费用	5		
财务费用	6		
资产减值损失	7		
加：公允价值变动收益	8		
投资收益	9		
其中：对联营企业和合营企业的投资收益	10		
二、营业利润	11		
加：营业外收入	12		
减：营业外支出	13		
其中：非流动资产处置损失	14		
三、利润总额	15		
减：所得税费用	16		
四、净利润	17		

法定代表人　　　　　　　　会计机构负责人　　　　　　　　制表人

表 7-32-4

现 金 流 量 表
年　月　日

编制单位：

项目	本期金额
一、经营活动产生的现金流量：	
销售商品、提供劳务收到的现金	
收到的税费返还	
收到的其他与经营活动有关的现金	
现金流入小计	
购买商品、接受劳务支付的现金	
支付给职工以及为职工支付的现金	
支付的各项税费	
支付的其他与经营活动有关的现金	
现金流出小计	
经营活动产生的现金流量净额	
二、投资活动产生的现金流量：	
收回的投资所收到的现金	
取得投资收益收到的现金	
处置固定资产、无形资产和其他长期资产而收到的现金净	
收到的与其他投资活动有关的现金	
现金流入小计	
购建固定资产、无形资产和其他长期资产所支付的现金	
投资所支付的现金	
支付的与其他投资活动有关的现金	
现金流出小计	
投资活动产生的现金流量净额	
三、筹资活动产生的现金流量：	
吸收投资所收到的现金	
借款所收到的现金	
收到的与其他筹资活动有关的现金	
现金流入小计	
偿还债务所支付的现金	
分配股利、利润或偿付利息所支付的现金	
支付的与其他筹资活动有关的现金	
现金流出小计	
筹资活动产生的现金流量净额	
四、汇率变动对现金的影响	
五、现金及现金等价物净增加额	

表 7-33-1

纳 税 申 报 表

纳税编码：
纳税人识别码：　　　　　　　　税款所属日期：　年　月　日至　年　月　日

金额单位：元（列至角分）

纳税人名称		地　址		经济性质		电话	
开户银行		帐　号		职工人数			
产品（货物、劳务）销售收入		应纳增值税		应纳消费税			
自开票纳税人开票金额		自开票纳税人抵扣金额		自开票纳税人相抵余额			

序号	税　种	征收项目	计征依据	税（费）率（额）	应纳税（费）额	其中：经批准减免额	经批准缓交额	实际应入库额
1	营业税							
2	其中：1.							
3	2.							
4	城市维护建设税							
5	教育费附加							
6	地方教育费附加							
7	代扣代缴个人所得税							
8	其中：1.							
9	2.							
10	3.							
11	文化事业建设费							
12	水利建设专项资金							
13	土地增值税							
14	印花税	购销合同（核定比例)%						
15	资源税							
16	合计							
17	残疾人就业保障金	上期职工平均人数	计征标准	应纳保障金额	其中：经批准抵扣额	经批准减免额	实际应入库额	

纳税人声明：本表所填数据真实、完整、愿意承担法律责任			如委托代理填报，由代理人填写以下各栏		
会计主管（签章）	办税人员（签章）	纳税单位（人）（签章）	代理人名称		代理人（签章）
			代理人地址		
		申报日期：　年　月　日	经办人	电话	年月日

以下有税务机关填写				说明：1、缴纳增值税的纳税人，应附有经国税部门审核的增值税纳税申报表。 本表一式三份，二份于月度终了十五日内报送主管税务机关，一份由纳税人留存。 须附《扣缴个人所得税报告表》。
收到申报表日期		接收人		
完税凭证号码		完税日期		

宁波地方税务局监制

表 7-33-2

中华人民共和国
企业所得税年度纳税申报表（B类）

税款所属期间： 年 月 日 至 年 月 日

纳税人识别号：□□□□□□□□□□□□□□□

纳税人名称： 金额单位：人民币元（列至角分）

项 目			行 次	累计金额
应纳税所得额的计算	按收入总额核定应纳税所得额	收入总额	1	
		税务机关核定的应税所得率（%）	2	
		应纳税所得额(1行×2行)	3	
	按成本费用核定应纳税所得额	成本费用总额	4	
		税务机关核定的应税所得率（%）	5	
		应纳税所得额(4行÷(1-5行)×5行)	6	
	按经费支出换算应纳税所得额	经费支出总额	7	
		税务机关核定的应税所得率（%）	8	
		换算的收入额[7行÷（1-8行）]	9	
		应纳税所得额(8行×9行)	10	
应纳所得税额的计算		适用税率（%）	11	
		应纳所得税额(3行×11行或6行×11行或10行×11行)	12	
		减免所得税额	13	
应补（退）所得税额的计算		已预缴所得税额	14	
		应补（退）所得税额(12行-13行-14行)	15	

谨声明：此纳税申报表是根据《中华人民共和国企业所得税法》、《中华人民共和国企业所得税法实施条例》和国家有关税收规定填报的，是真实的、可靠的、完整的。

法定代表人（签字）： 年 月 日

纳税人公章： 会计主管： 填表日期： 年 月 日	代理申报中介机构公章： 经办人：经办人执业证件号码： 代理申报日期： 年 月 日	主管税务机关受理专章： 受理人： 受理日期： 年 月 日

表 7-33-3

增值税纳税申报表

（小规模纳税人适用）

纳税人识别号：
纳税人名称（公章）：   金额单位：
税款所属期：　　年　月　日至　　年　月　日   填表日期：　年　月　日

<table>
<tr><th colspan="2" rowspan="2">项　目</th><th rowspan="2">栏次</th><th colspan="2">本期数</th><th colspan="2">本年累计</th></tr>
<tr><th>货物及劳务</th><th>服务、不动产和无形资产</th><th>货物及劳务</th><th>服务、不动产和无形资产</th></tr>
<tr><td rowspan="15">一、计税依据</td><td>（一）应征增值税不含税销售额（3%征收率）</td><td>1</td><td></td><td></td><td></td><td></td></tr>
<tr><td>税务机关代开的增值税专用发票不含税销售额</td><td>2</td><td></td><td></td><td></td><td></td></tr>
<tr><td>税控器具开具的普通发票不含税销售额</td><td>3</td><td></td><td></td><td></td><td></td></tr>
<tr><td>（二）应征增值税不含税销售额（5%征收率）</td><td>4</td><td></td><td></td><td></td><td></td></tr>
<tr><td>税务机关代开的增值税专用发票不含税销售额</td><td>5</td><td></td><td></td><td></td><td></td></tr>
<tr><td>税控器具开具的普通发票不含税销售额</td><td>6</td><td></td><td></td><td></td><td></td></tr>
<tr><td>（三）销售使用过的固定资产不含税销售额</td><td>7(7≥8)</td><td></td><td></td><td></td><td></td></tr>
<tr><td>其中：税控器具开具的普通发票不含税销售额</td><td>8</td><td></td><td></td><td></td><td></td></tr>
<tr><td>（四）免税销售额</td><td>9=10+11+12</td><td></td><td></td><td></td><td></td></tr>
<tr><td>其中：小微企业免税销售额</td><td>10</td><td></td><td></td><td></td><td></td></tr>
<tr><td>未达起征点销售额</td><td>11</td><td></td><td></td><td></td><td></td></tr>
<tr><td>其他免税销售额</td><td>12</td><td></td><td></td><td></td><td></td></tr>
<tr><td>（五）出口免税销售额</td><td>13(13≥14)</td><td></td><td></td><td></td><td></td></tr>
<tr><td>其中：税控器具开具的普通发票销售额</td><td>14</td><td></td><td></td><td></td><td></td></tr>
<tr><td></td><td></td><td></td><td></td><td></td><td></td></tr>
<tr><td rowspan="8">二、税款计算</td><td>本期应纳税额</td><td>15</td><td></td><td></td><td></td><td></td></tr>
<tr><td>本期应纳税额减征额</td><td>16</td><td></td><td></td><td></td><td></td></tr>
<tr><td>本期免税额</td><td>17</td><td></td><td></td><td></td><td></td></tr>
<tr><td>其中：小微企业免税额</td><td>18</td><td></td><td></td><td></td><td></td></tr>
<tr><td>未达起征点免税额</td><td>19</td><td></td><td></td><td></td><td></td></tr>
<tr><td>应纳税额合计</td><td>20=15-16</td><td></td><td></td><td></td><td></td></tr>
<tr><td>本期预缴税额</td><td>21</td><td></td><td></td><td></td><td></td></tr>
<tr><td>本期应补（退）税额</td><td>22=20-21</td><td></td><td></td><td></td><td></td></tr>
<tr><td colspan="2">纳税人或代理人声明：</td><td colspan="5">如纳税人填报，由纳税人填写以下各栏：</td></tr>
<tr><td colspan="2" rowspan="4">本纳税申报表是根据国家税收法律法规及相关规定填报的，我确定它是真实的、可靠的、完整的。</td><td colspan="5">办税人员：　　　　　　　　财务员责人：</td></tr>
<tr><td colspan="5">法定代表人：　　　　　　　联系电话：</td></tr>
<tr><td colspan="5">如委托代理人填报，由代理人填写以下各栏：</td></tr>
<tr><td colspan="5">代理人名称（公章）：　　　　经办人：
联系电话：</td></tr>
</table>

主管税务机关：　　　　　　　接收人：　　　　　　　　　接收日期：

勘误页

1. P37，表 2-5-1 发票类型："普通"改为"专用"。
2. P41，表 2-7 更改如下：

中国工商银行现金支票存根（浙）

支票号码： X VI19561125002

附加信息

出票日期 2016年11月15日

收款人	宁波湘甬商贸有限公司
金　额	￥6000.00
用　途	10月工资

单位主管 李毅　　会计 罗玲

3. P55，表 2-12-1 发票联中：电脑数量 10，单价 4000；空调数量 4，单价 5000。
4. P113，补表 3-8-3 "电汇凭证"表，如下：

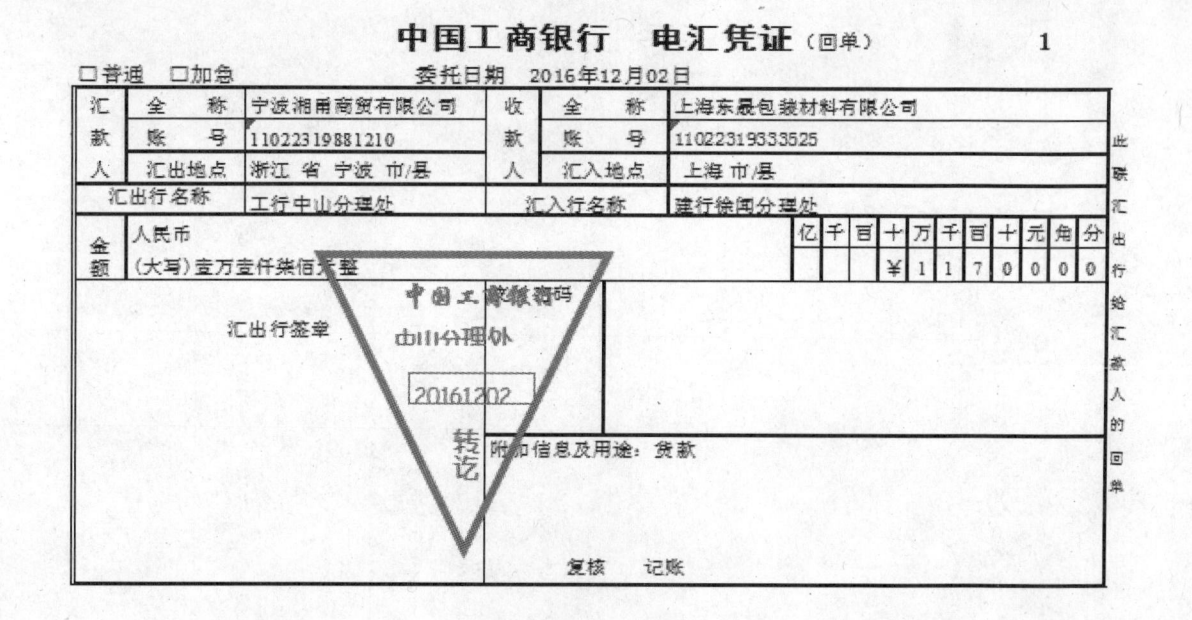

中国工商银行　电汇凭证（回单）　　1

□普通　□加急　　委托日期 2016年12月02日

汇款人	全称	宁波湘甬商贸有限公司	收款人	全称	上海东晟包装材料有限公司
	账号	11022319881210		账号	11022319333525
	汇出地点	浙江省 宁波市/县		汇入地点	上海市/县
	汇出行名称	工行中山分理处		汇入行名称	建行徐闻分理处

金额　人民币（大写）壹万壹仟柒佰元整　　￥11700000

汇出行签章：中国工商银行 中山分理处 20161202 转讫

附加信息及用途：货款

复核　记账

5.P167，表 3-28 应为"社保计算"表，如下：

社保计算表
2016年12月30日

姓 名	工资	养老保险	医疗保险	失业保险	工伤保险	生育保险	合计
李毅	6,000.00	1,200.00	480.00	120.00	30.00	30.00	1,860.00
陈丽	5,000.00	1,000.00	400.00	100.00	25.00	25.00	1,550.00
吴勇	5,000.00	1,000.00	400.00	100.00	25.00	25.00	1,550.00
谢小芳	4,000.00	800.00	320.00	80.00	20.00	20.00	1,240.00
李娟	2,500.00	500.00	200.00	50.00	12.50	12.50	775.00
小计	22,500.00	4,500.00	1,800.00	450.00	112.50	112.50	6,975.00
叶晓	4,000.00	800.00	320.00	80.00	20.00	20.00	1,240.00
王晶晶	2,500.00	500.00	200.00	50.00	12.50	12.50	775.00
小计	6,500.00	1,300.00	520.00	130.00	32.50	32.50	2,015.00
李军	4,000.00	800.00	320.00	80.00	20.00	20.00	1,240.00
周波	2,000.00	400.00	160.00	40.00	10.00	10.00	620.00
小计	6,000.00	1,200.00	480.00	120.00	30.00	30.00	1,860.00
周辉	4,000.00	800.00	320.00	80.00	20.00	20.00	1,240.00
沈阳	2,500.00	500.00	200.00	50.00	12.50	12.50	775.00
小计	6,500.00	1,300.00	520.00	130.00	32.50	32.50	2,015.00
邵俊勇	4,000.00	800.00	320.00	80.00	20.00	20.00	1,240.00
王新宇	2,500.00	500.00	200.00	50.00	12.50	12.50	775.00
小计	6,500.00	1,300.00	520.00	130.00	32.50	32.50	2,015.00
合计	48,000.00	9,600.00	3,840.00	960.00	240.00	240.00	14,880.00

会计：叶晓　　　　　　　　出纳：王晶晶　　　　　　　　制单：

6.P377，表 6-9-2 与表 6-10 互换，即表 6-9-2 为领料单，表 6-10 为产品入库单。
7.P421，表 7-6-1 与表 7-5-2 位置互换，表 7-5-2 在左。